Impressum
Verlag: BABADADA GmbH, Nedderfeld 112 , 22529 Hamburg
Geschäftsführer / Verlagsleitung: Harald Hof
Druck: Books on Demand GmbH, In de Tarpen 42, 22848 Norderstedt

Imprint
Publisher: BABADADA GmbH, Nedderfeld 112 , 22529 Hamburg, Germany
Managing Director / Publishing direction: Harald Hof
Print: Books on Demand GmbH, In de Tarpen 42, 22848 Norderstedt

ကျောင်း

shule

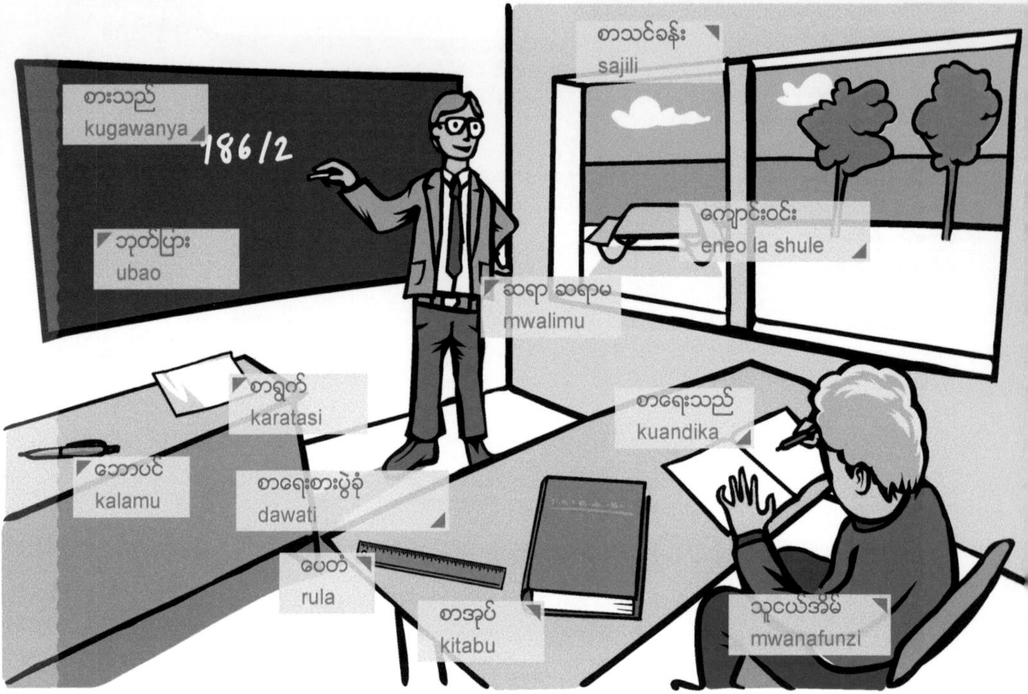

စာသင်ခန်း
sajili
စားသည်
kugawanya
186/2
ဘုတ်ပြား
ubao
ကျောင်းဝင်း
eneo la shule
ဆရာ ဆရာမ
mwalimu
စာရွက်
karatasi
စာရေးသည်
kuandika
ဘောပင်
kalamu
စာရေးစားပွဲခုံ
dawati
ပေတံ
rula
စာအုပ်
kitabu
သူငယ်အိမ်
mwanafunzi

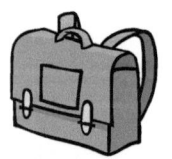

အဖုံးပါ ဘေးလွယ်အိတ်

mkoba

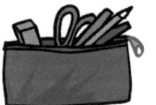

ခဲတံဘူး

kikasha cha penseli

ခဲတံ

penseli

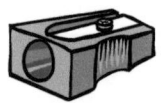

ချွန်စက်

kichonga penseli

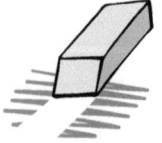

ခဲဖျက်

mpira

ပုံဆွဲစာအုပ်

pedi ya kuchora

ပုံဆွဲခြင်း

uchoraji

ဆေးခြယ်သည့် စုပ်တံ

brashi ya rangi

အရောင်စုံ ပုံး

sanduku la rangi

ကပ်ကြေး

mkasi

ကော်

gundi

လေ့ကျင့်ခန်းစာအုပ်

daftari

အိမ်စာ

kazi ya nyumbani

12

နံပါတ်

nambari

2+2

ပေါင်းသည်

jumlisha

5-2

နုတ်သည်

ondoa

2×2

မြှောက်သည်

zidisha

တွက်ပါ

kokotoa

A

စာ

barua

ABCDEFG HIJKLMN OPQRSTU VWXYZ

အက္ခရာ

alfabeti

hello

စကားလုံး

neno

ဖတ်စာအုပ်
....
maandishi

ဖတ်သည်
....
kusoma

မြေဖြူ
....
chaki

သခန်းစာ
....
somo

ကျောင်းခေါ်ချိန်
မှတ်တမ်းစာအုပ်
....
sajili

စာမေးပွဲ
....
uchunguzi

အထောက်အထားလက်မှတ်
....
cheti

ကျောင်းဝတ်စုံ
....
sare za shule

ပညာရေး
....
elimu

စွယ်စုံကျမ်း
....
elezo

တက္ကသိုလ်
....
chuo kikuu

အနုကြည့်မှန်ပြောင်း
....
darubini

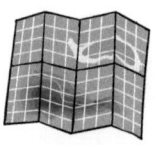

မြေပုံ
....
ramani

အမှိုက်စက္ကူပုံး
....
kikapu cha kuweka karatasi
chafu

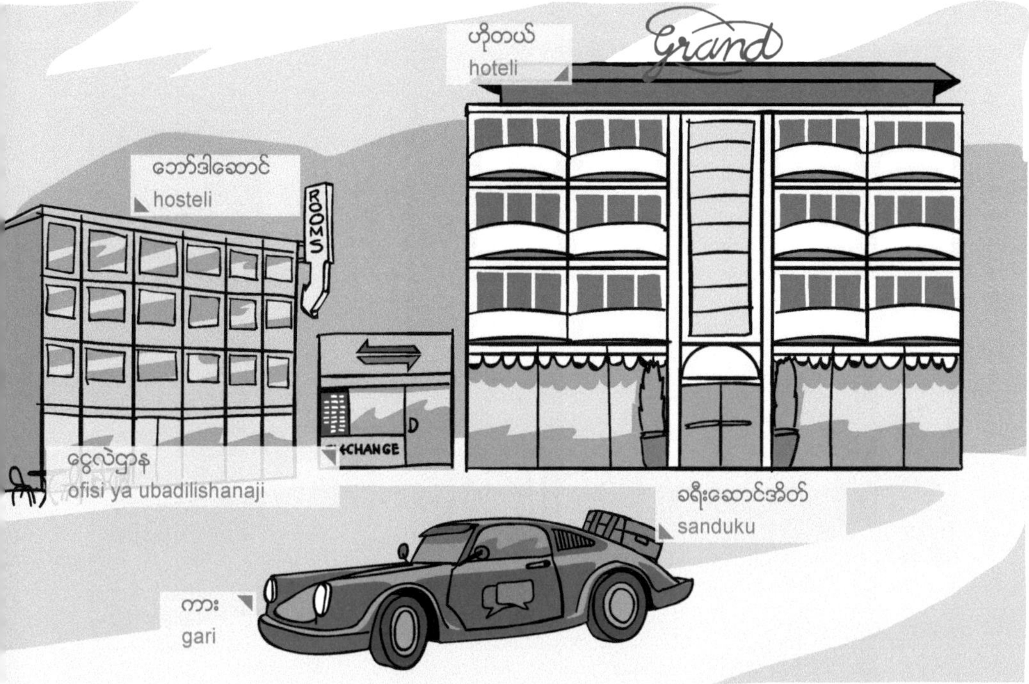
ဟိုတယ်
hoteli
Grand
ဘော်ဒါဆောင်
hosteli
ROOMS
CHANGE
ငွေလဲဌာန
ofisi ya ubadilishanaji
ခရီးဆောင်အိတ်
sanduku
ကား
gari

ဘာသာစကား
lugha

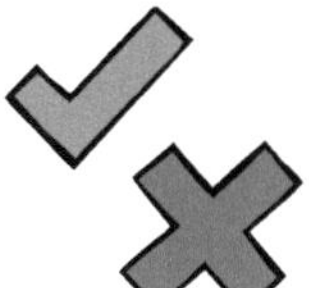

မှန် / မှား
ndiyo / la

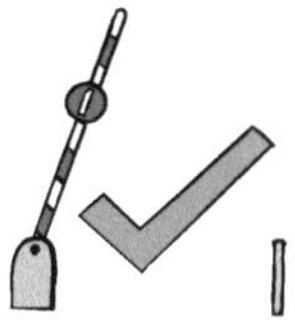

အိုကေ
sawa

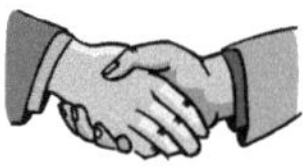

ဟယ်လို
hujambo

ဘာသာပြန်
mtafsiri

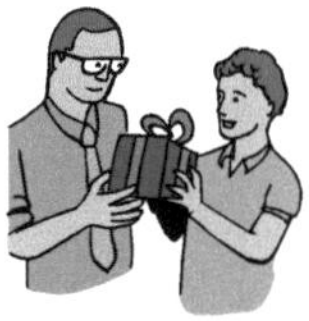

ကျေးဇူးတင်ပါတယ်
Asante

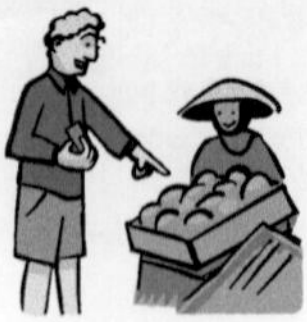

......က ဘယ်လောက်လဲ။

kiasi gani ni ...?

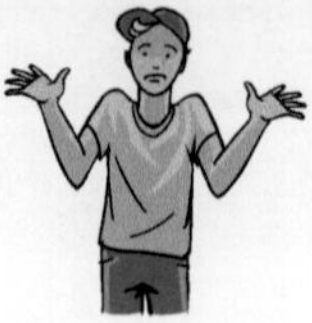

ကျွန်ုပ် နားမလည်ဘူး

Sielewi

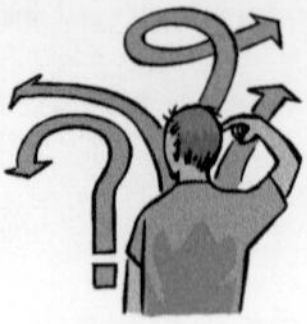

ပြဿနာ

tatizo

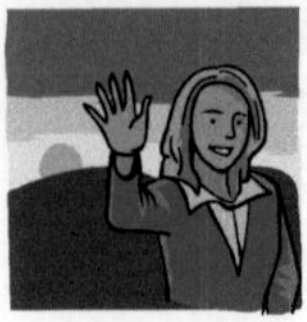

မင်္ဂလာ ညနေခင်းပါ။

Jioni njema!

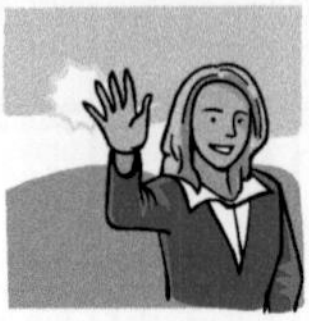

မင်္ဂလာ နံနက်ခင်းပါ။

Habari za asubuhi!

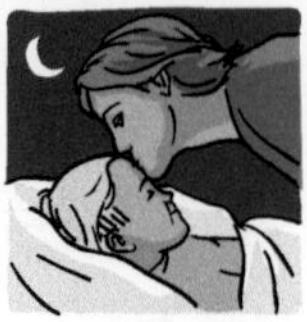

မင်္ဂလာ ညပါ။

Usiku mwema!

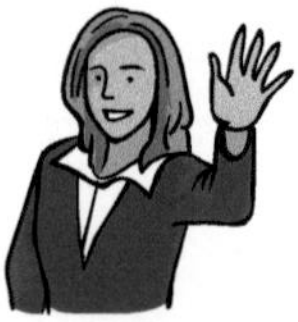

ဘိုင်းဘိုင်

kwa heri

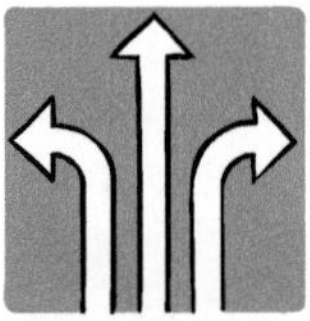

ဦးတည်ရာ

mwelekeo

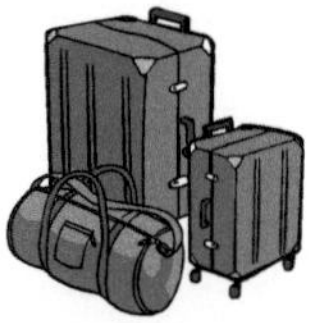

ခရီးဆောင်သေတ္တာ

mizigo

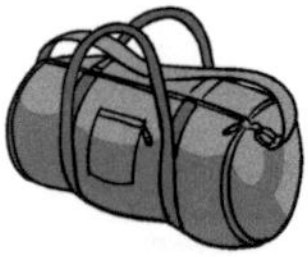

အိတ်

mfuko

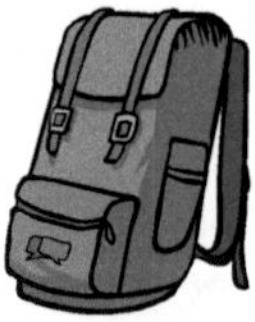

ကျောပိုးအိတ်

shanta

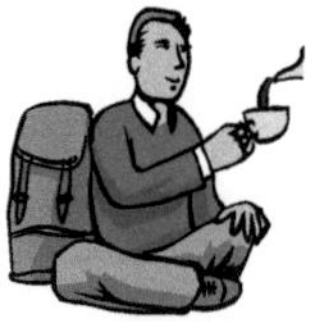

ဧည့်သည်

mgeni

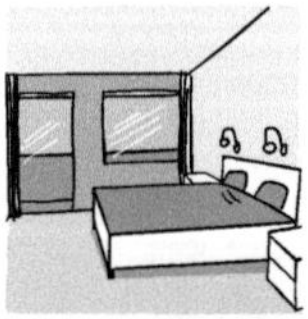

အခန်း

chumba

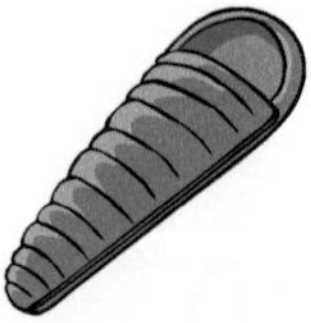

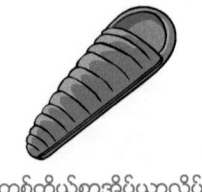

တစ်ကိုယ်စာအိပ်ယာလိပ်

begi la kulalia

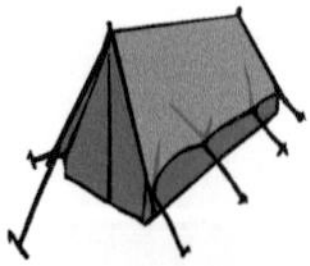

ရွက်ထည်တဲ

hema

ခရီးသွားဧည့်သည်အတွက်
သတင်းအချက်အလက်

taarifa ya utalii

ကမ်းခြေ

ufuo

အကြွေးဝယ်ကတ်

kadi

နံနက်စာ

kifunguakinywa

နေ့လည်စာ

chakula cha mchana

ညစာ

chakula cha jioni

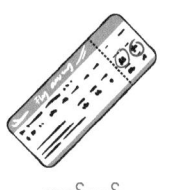

လက်မှတ်

tiketi

ဓာတ်လှေကား

kuinua

တံဆိပ်ခေါင်း

muhuri

နယ်စပ်

mpaka

အခွန်များ

mila

သံရုံး

ubalozi

ဗီဇာ

visa

နိုင်ငံကူးလက်မှတ်

pasipoti

သယ်ယူပို့ဆောင်ရေး

usafiri

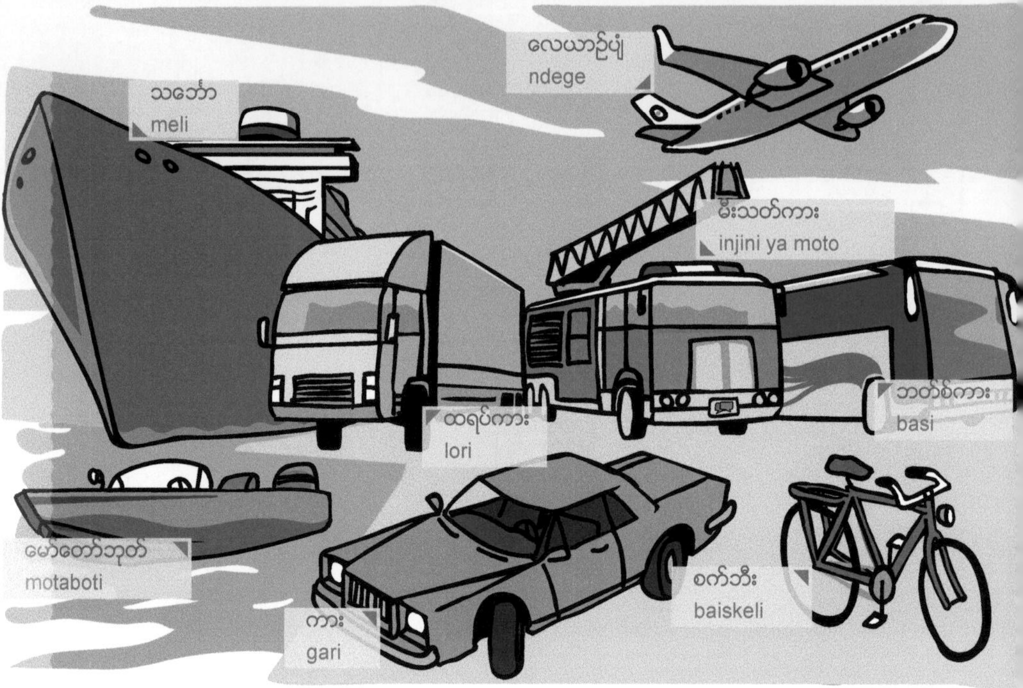

လေယာဉ်ပျံ
ndege
သင်္ဘော
meli
မီးသတ်ကား
injini ya moto
ဘတ်စ်ကား
basi
ထရပ်ကား
lori
မော်တော်ဘုတ်
motaboti
စက်ဘီး
baiskeli
ကား
gari

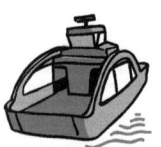

ဖယ်ရီသင်္ဘော

feri

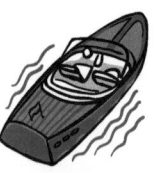

လှေ

mashua

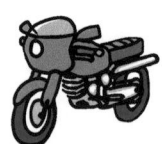

မော်တော်ဆိုက်ကယ်

pikipiki

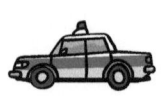

ရဲကား

gari la polisi

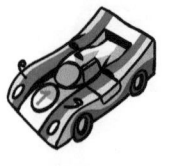

ပြိုင်ကား

gari la mashindano

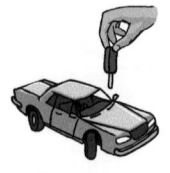

စင်းလုံးငှားကား

gari la kukodisha

ကားဝေမျှသုံးစွဲခြင်း

kushiriki gari

ပျက်နေသော ထရပ်ကား

lori la kuvuta

အမှိုက်သယ်ယာဉ်

ukusanyaji taka

မော်တာ

motor

လောင်စာ

mafuta

ဓာတ်ဆီဆိုင်

kituo cha mafuta

လမ်းကြောပြ ဆိုင်းဘုတ်

ishara trafiki

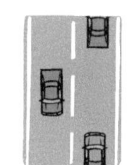

ယာဉ်အသွားအလာ

trafiki

လမ်းကြောပိတ်ဆို့မှု

msongamano

ကားရပ်နားရာနေရာ

maegesho

ရထားဘူတာရုံ

kituo cha treni

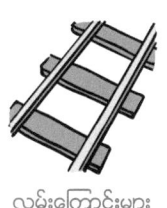

လမ်းကြောင်းများ

reli

ရထား

garimoshi

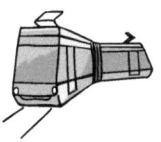

ဓာတ်ရထား

tremu

ရထားလုံး

gari la mizigo

ဟယ်လီကော်ပီတာ

helikopta

လေဆိပ်

uwanja wa ndege

တာဝါ

mnara

ခရီးသည်

abiria

ထည့်စရာပုံး

chombo

ကတ်ထူပုံး

katoni

လှည်း

mkokoteni

ခြင်း

kikapu

ထွက်ခွာ / ဆိုက်ရောက်

ondoka

မြို့တော်
jiji

ကျေးရွာ

kijiji

မြို့လယ်ခေါင်

katikati ya jiji

အိမ်

nyumba

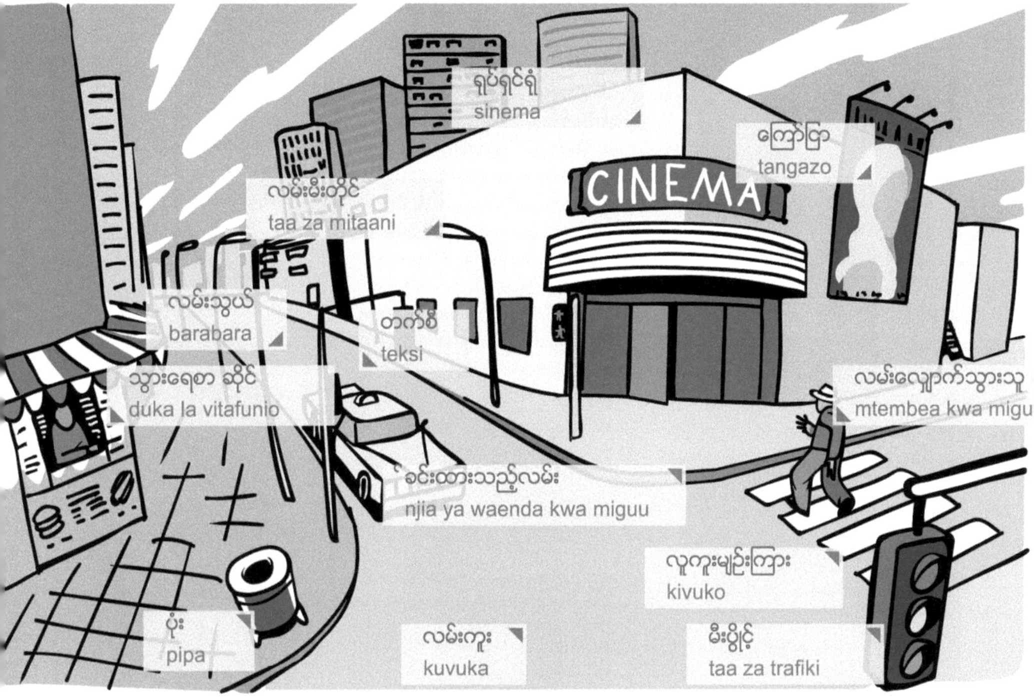

CINEMA
ရုပ်ရှင်ရုံ
sinema
ကြော်ငြာ
tangazo
လမ်းမီးတိုင်
taa za mitaani
လမ်းသွယ်
barabara
တက္ကစီ
teksi
သွားရေစာ ဆိုင်
duka la vitafunio
လမ်းလျှောက်သွားသူ
mtembea kwa miguu
ခင်းထားသည့်လမ်း
njia ya waenda kwa miguu
လူကူးမျဉ်းကြား
kivuko
ပုံး
pipa
လမ်းကူး
kuvuka
မီးပွိုင့်
taa za trafiki

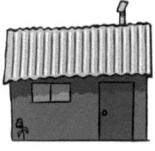

တဲအိမ်

kibanda

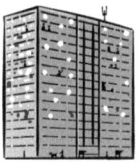

နေအိမ်ခန်း

gorofa

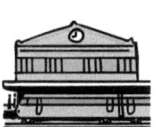

ရထားဘူတာရုံ

kituo cha treni

မြို့တော်ခန်းမ

ukumbi wa mji

MUSEUM

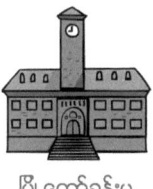

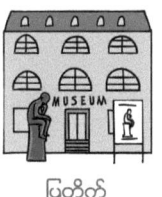

ပြတိုက်

Makavazi

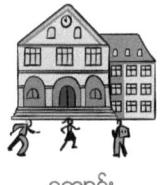

ကျောင်း

shule

တက္ကသိုလ်
chuo kikuu

ဘဏ်
benki

ဆေးရုံ
hospitali

ဟိုတယ်
hoteli

ဆေးဆိုင်
duka la dawa

ရုံးခန်း
ofisi

စာအုပ်ဆိုင်
duka la kitabu

ဆိုင်
duka

ပန်းရောင်းသူ၏
duka la maua

စူပါမားကတ်
dukakuu

ဈေး
soko

ပစ္စည်းမျိုးစုံရောင်းသည့်
စတိုးဆိုင်ကြီး
idara ya kuhifadhi

ငါးရောင်းသူ၏
mwuza samaki

ဈေးဝယ်စင်တာ
kituo cha ununuzi

သင်္ဘောဆိပ်
bandari

အနားယူပန်းခြံ

Hifadhi

ထိုင်ခုံတန်း

benki

တံတား

daraja

လှေကားထစ်များ

vidato

မြေအောက်

chini ya ardhi

ဥမင်လိုင်ခေါင်း

handaki

ဘတ်စ်ကားမှတ်တိုင်

kituo cha mabasi

ဘား

bar

စားသောက်ဆိုင်

mgahawa

စာတိုက်သေတ္တာ

sanduku la posta

လမ်းဆိုင်းဘုတ်

ishara ya barabara

ကားရပ်နားခ ကောက်ခံသည့် မီတာ

mita ya maegesho

တိရိစ္ဆာန်ရုံ

bustani ya wanyama

ရေကူးကန်

kidimbwi cha kuogelea

ဗလီ

msikiti

လယ်ယာ
shamba

ညစ်ညမ်းမှု
uchafuzi

သချႋုင်းကုန်း
makaburini

ဘုရားရှိခိုးကျောင်း
kanisa

ကစားကွင်း
uwanja wa michezo

ဘုရားကျောင်း
hekalu

ရှုခင်း

mazingira

သစ်ရွက်
jani

ဆိုင်းဘုတ်
ishara ya mwelekeo

လမ်း
njia

မြက်ခင်း
malisho

ကျောက်တုံး
jiwe

သစ်ပင်
mti

တောင်တက်သမား
mtembeaji wa masafa

မြစ်
mto

မြက်
nyasi

ပန်း
ua

တောင်ကြား

bonde

တောင်ကုန်း

kilima

ရေကန်

ziwa

သစ်တော

msitu

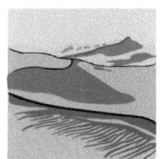

သဲကန္တာရ

jangwa

မီးတောင်

volkano

ရဲတိုက်

ngome

သက်တန့်

upinde wa mvua

မှို

uyoga

ထန်းပင်

mtende

ခြင်

mbu

ပျံသန်းသည်

kuruka

ပုရွက်ဆိတ်

chungu

ပျား

nyuki

ပင့်ကူ

buibui

ပိုးတောင်မာ

mende

ဖား

chura

ရှဉ့်

kuchakuro

ဖြူကောင်

nungunungu

ယုန်

sungura

ဇီးကွက်

bundi

ငှက်

ndege

ငန်း

swan

တောဝက်

nguruwe mwitu

သမင်

kulungu

ချိုပြားဒရယ်

aina ya kongoni

ဆည်

bwawa

လေအားသုံး
လျှပ်စစ်ဓာတ်အားပေးစက်

tabo ya upepo

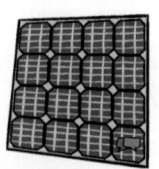

နေရောင်ခြည်ခံပြား

nishaji ya jua

ရာသီဥတု

hali ya hewa

စားသောက်ဆိုင်

mgahawa

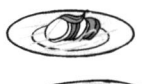

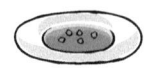

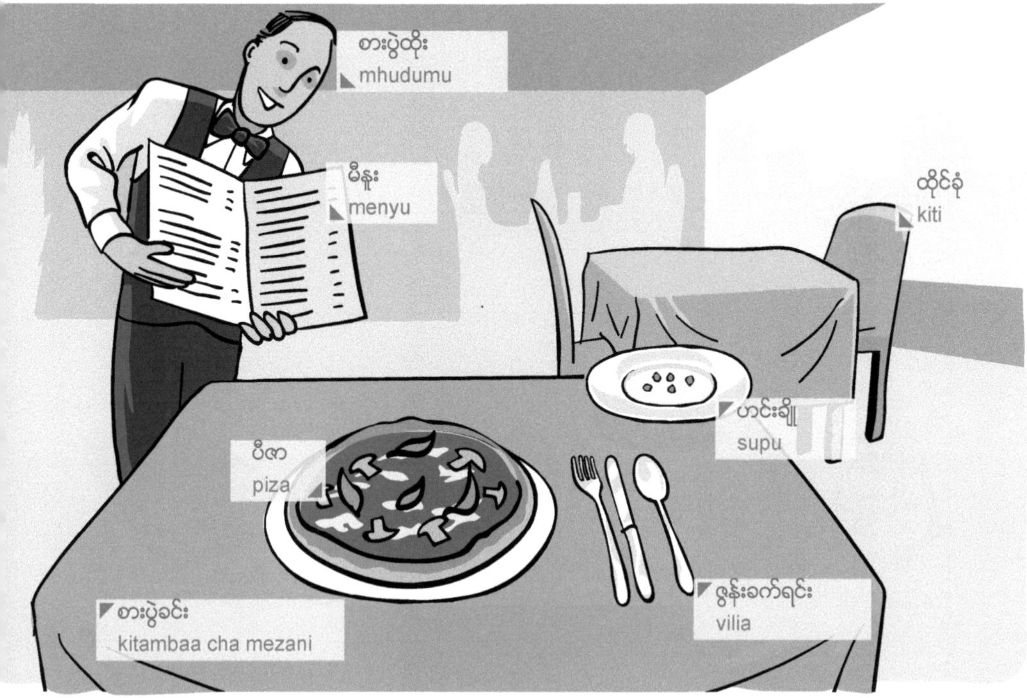
စားပွဲထိုး
mhudumu
မီနူး
menyu
ထိုင်ခုံ
kiti
ဟင်းချို
supu
ပီဇာ
piza
ဇွန်းခက်ရင်း
vilia
စားပွဲခင်း
kitambaa cha mezani

ပထမဆုံး စားသည့် အစာ

kiamsha hamu

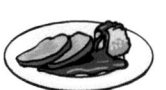

ပင်မ အစာ

kozi kuu

အချိုပွဲ

kitindamlo

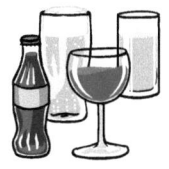

သောက်စရာများ

vinywaji

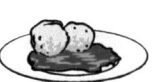

အစားအစာ

chakula

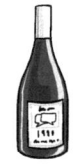

ပုလင်း

chupa

အသင့်ပြင်ပြီးသား အစားအစာ
....
chakula cha haraka

လမ်းဘေးအစားအစာ
....
Streetfood

လက်ဖက်ရည်အိုး သို့မဟုတ် ရေနွေးကြမ်းအိုး
....
buli

သကြားအိုး
....
kisanduku cha sukari

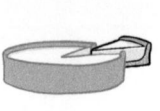

တစ်ယောက်စာ
....
sehemu

အက်စက်ပရက်ဆို ကော်ဖီစက်
....
mashine ya espresso

ထိုင်ခုံအမြင့်
....
kiti kirefu

ငွေတောင်းခံလွှာ
....
muswada

ပန်း
....
trei

ဓါး
....
kisu

ခက်ရင်း
....
uma

ဇွန်း
....
kijiko

လက်ဖက်ရည်ဇွန်း
....
kijiko cha chai

လက်သုတ်ပုဝါ
....
nepi

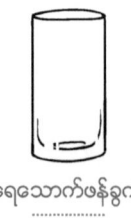

ရေသောက်ဖန်ခွက်
....
glasi

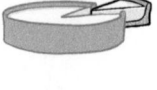

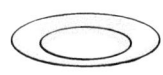

ပန်းကန်ပြား

sahani

ဟင်းချိုပန်းကန်ပြား

sahani ya supu

ပန်းကန်ပြား

sufuria

ဆော့စ်

mchuzi

ဆားအိုး

kichanyaji chumvi

ငရုတ်ကောင်း ချေစက်

kinu cha pilipili

ရှာလကာရည်

siki

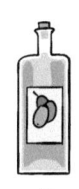

ဆီ

mafuta

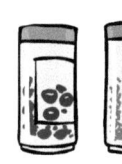

ဟင်းခတ်အမွှေးအကြိုင်

viungo

ခရမ်းချဉ်သီးဆော့စ်

kechapu

မုန်ညင်းဆီဆော့စ်

haradali

မယိုးနိစ်

kachumbari nzito

စူပါမားကတ်

dukakuu

အထူးကမ်းလှမ်းချက်
ofa maalum
FOR
ဖောက်သည် သို့မဟုတ် ဈေးဝယ်သူ
mteja
နို့ထွက်ပစ္စည်း
maziwa
သစ်သီး
matunda
ထရော်လီလှည်း
toroli

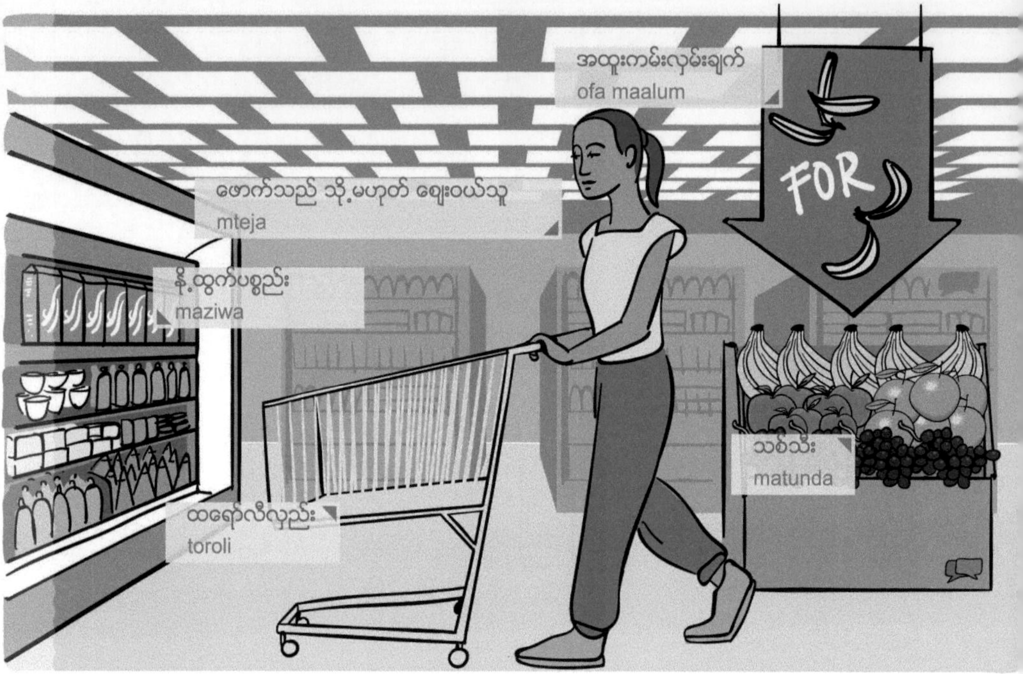

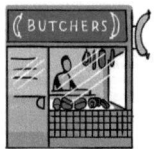

BUTCHERS

သားသတ်သမား၏

mchinjaji

BAKERY

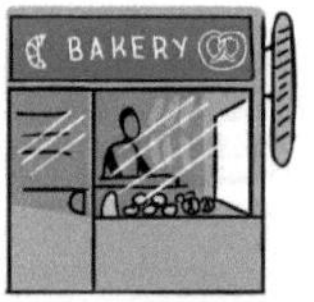

မုန့်ဖုတ်သမား၏

mwokaji

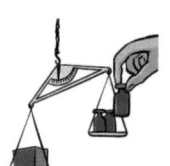

အလေးချိန်သည်

uzito

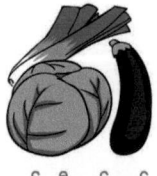

ဟင်းသီးဟင်းရွက်

mboga

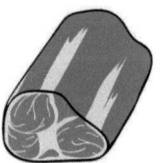

အသား

nyama

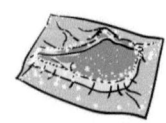

အေးခဲထားသည့် အစားအစာ

chakula waliohifadhiwa

ပြင်ဆင်ထားသော အသားအေး
vipande vya nyama baridi

သံဗူးသွပ် အစားအစာ
chakula cha kopo

ဆပ်ပြာမှုန့်
sabuni ya unga

သကြားလုံးများ
pipi

အိမ်သုံး ပစ္စည်းများ
bidhaa za kaya

သန့်ရှင်းရေး ပစ္စည်းများ
bidhaa za kusafisha

ဈေးရောင်းသူ
mtu mauzo

အထိ
mpaka

ငွေကိုင်
keshia

ဈေးဝယ်စာရင်း
orodha ya manunuzi

ဖွင့်ချိန်နာရီများ
masaa ya ufunguzi

အိတ်ဆောင် ပိုက်ဆံအိတ်
mkoba

အကြွေဝယ်ကတ်
kadi

အိတ်
mfuko

ပလတ်စတစ်အိတ်
mfuko wa plastiki

ရေ

maji

သစ်သီးဖျော်ရည်

sharubati

နွားနို့

maziwa

ကိုကာကိုလာ

coke

ဝိုင်

mvinyo

ဘီယာ

bia

အရက်

pombe

ကိုကိုးမှုန့်

kakao

လက်ဖက်ရည် သို့ မဟုတ်
ရေနွေးကြမ်း

chai

ကော်ဖီ

kahawa

အက်စ်ပရက်ဆို ကော်ဖီ

spreso

ကပူချီနိုကော်ဖီ

kapuchino

ငှက်ပျောသီး

ndizi

ပန်းသီး

tufaha

လိမ္မော်သီး

machungwa

ဖရဲသီးမျိုးဝင်

tikiti

သံပုရာသီး

lemon

မုန်လာဥနီ

karoti

ကြက်သွန်ဖြူ

kitunguu saumu

မျှစ်

mianzi

ကြက်သွန်နီ

kitunguu

မှို

uyoga

ပဲစေ့များ

karanga

ခေါက်ဆွဲ

nudo

စပါဂတီ ခေါ် အီတလီ ခေါက်ဆွဲ

spageti

ထမင်း

mpunga

ဆလပ်ရွက်သုတ်

saladi

အကြော်ကြော်များ

vibanzi

အာလူးကြော်

viazi vya kukaanga

ပီဇာ

piza

ဟမ်ဘာဂါ

hambaga

အသားညှပ်ပေါင်မုန့်

sandwichi

ကတ်တလိပ်

kipande

ဝက်ပေါင်ခြောက်

paja la mnyama

ဆလာမီ

salami

ဝက်အူချောင်း

soseji

ကြက်သား

kuku

ရို့စ်လုပ်ခြင်း

choma

ငါး

samaki

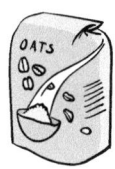

ကွေကာအုတ်

oats ya uji

မျူးစလီ

muesli

ပြောင်းစွေ့ပြား

cornflakes

ဂျုံမှုန့်

unga

ခရာဆွန်း ခေါ်
ပြင်သစ်ပေါင်မုန့်တစ်မျိုး

kroisanti

ပေါင်မုန့်လိပ်

andazi

ပေါင်မုန့်

mkate

ပေါင်မုန့် မီးကင်

mkate wa kubanika

ဘီစကစ်

biskuti

ထောပတ်

siagi

ဒိန်ခဲ

maziwa mgando

ကိတ်မုန့်

keki

ဥ

yai

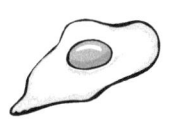

ဥကြော်

yai kukaanga

ချိစ်

jibini

ရေခဲမုန့်

aiskrimu

သကြား

sukari

ပျားရည်

asali

ယို

jemu

ယိုသုတ်စားသည့် ချောကလက်

kuenea kwa chokoleti

ဟင်း

mchuzi wa viungo

လယ်ယာ
shamba

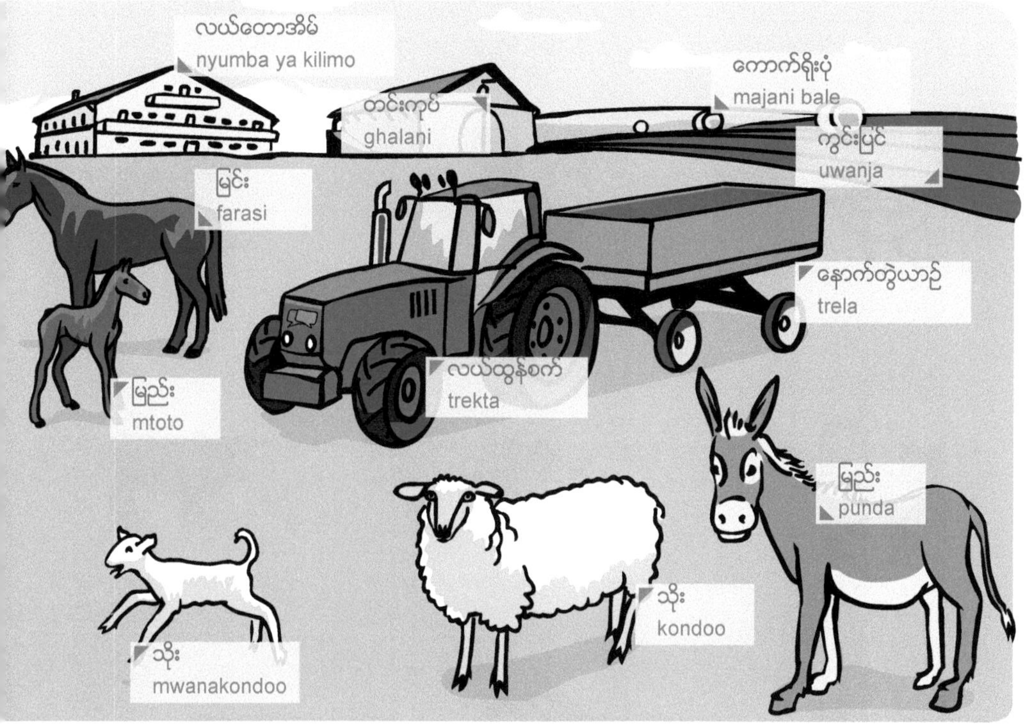

လယ်တောအိမ်
nyumba ya kilimo
တင်းကုပ်
ghalani
ကောက်ရိုးပုံ
majani bale
ကွင်းပြင်
uwanja
မြင်း
farasi
နောက်တွဲယာဉ်
trela
လယ်ထွန်စက်
trekta
မြည်း
mtoto
မြည်း
punda
သိုး
kondoo
သိုး
mwanakondoo

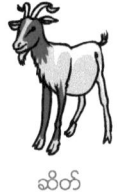

ဆိတ်

mbuzi

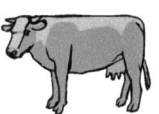

နွားမ

ng'ombe

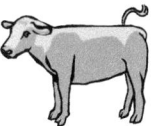

နွားလေး

ndama

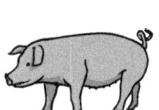

ဝက်

nguruwe

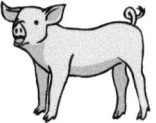

ဝက်ကလေး

mwananguruwe

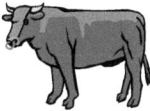

နွားထီး

fahali

ဘဲငန်း

batabukini

ဘဲ

bata

ကြက်ပေါက်ကလေး

kifaranga

ကြက်မ

kuku

ကြက်ဖ

jogoo

ကြက်

panya

ကြောင်

paka

ကြွက်ကလေး

panya

နွားထီး

ng'ombe

ခွေး

mbwa

ခွေးအိမ်

nyumba ya mbwa

ပန်းခြံရေပိုက်

bomba la bustani

ရေလောင်းသည့်ခွက်

debe la kumwagilia maji

တံစဉ်အပြားကြီး

fyekeo

ထယ်

kulima

လယ်ယာ - shamba

တံစဉ်
mundu

ပေါက်ပြား
jembe

ကောက်ဆွ
uma wa nyasi

ပေါက်ချွန်း
shoka

ဘီးတပ် လက်တွန်းလှည်း
toroli

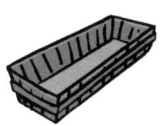

စားခွက်
kupitia nyimbo

နို့ဗူး
chombo cha maziwa

အိတ်
gunia

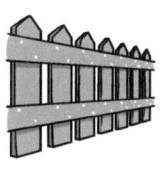

ခြံစည်းရိုး
ua

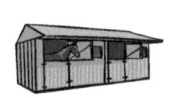

မြင်းဇောင်း
imara

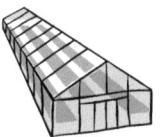

မှန်လုံအိမ်
chafu

မြေကြီး
udongo

အစေ့
mbegu

မြေသြဇာ
mbolea

စုပေါင်း ရိတ်သိမ်းသူ
kivunaji

ရိတ်သိမ်းသည်

mavuno

ရိတ်သိမ်းသည်

mavuno

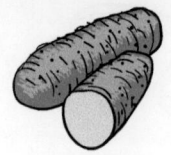

ဝီလောဝိနံ

viazi vikuu

ဂျုံ

ngano

ပဲပုပ်

soya

အာလူး

viazi

ပြောင်း

mahindi

နံစားပြောင်းဆီ

rapa

အသီးပင်

mti wa matunda

ဝီလောဝိနံ

muhogo

စီရိရယ် ခေါ် နံနက်စာတစ်မျိုး

nafaka

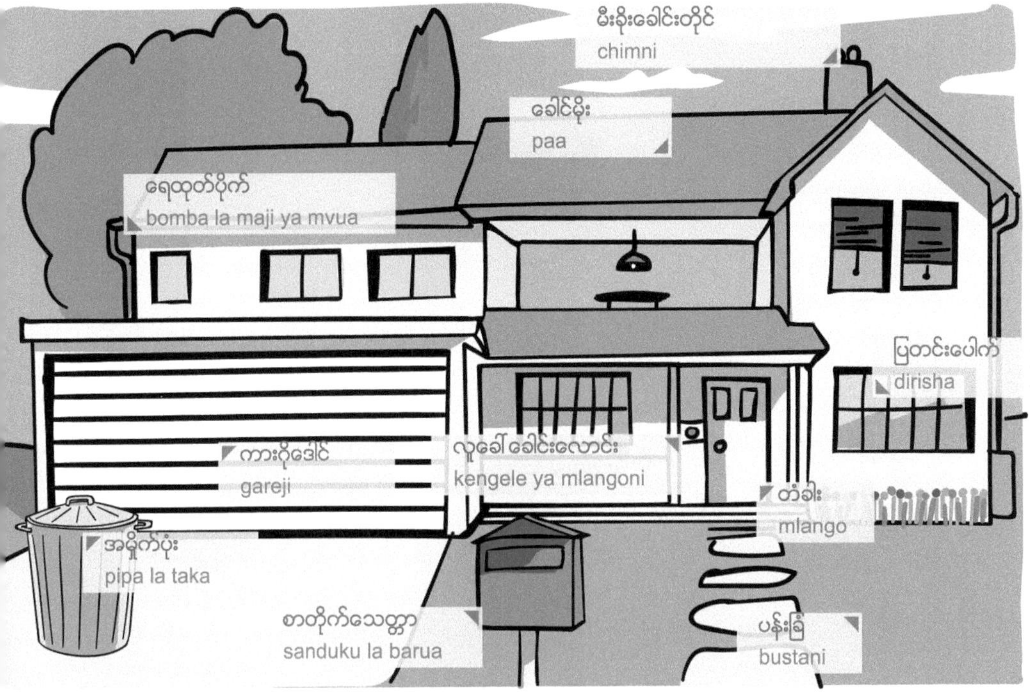

မီးခိုးခေါင်းတိုင်
chimni

ခေါင်မိုး
paa

ရေထုတ်ပိုက်
bomba la maji ya mvua

ပြတင်းပေါက်
dirisha

ကားဂိုဒေါင်
gareji

လူခေါ် ခေါင်းလောင်း
kengele ya mlangoni

တံခါး
mlango

အမှိုက်ပုံး
pipa la taka

စာတိုက်သေတ္တာ
sanduku la barua

ပန်းခြံ
bustani

ဧည့်ခန်း
sebuleni

ရေချိုးခန်း
bafu

မီးဖိုချောင်
jikoni

အိပ်ခန်း
chumba cha kulala

ကလေး အခန်း
chumba ya mtoto

ထမင်းစားခန်း
chumba cha kulia

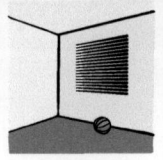

ကြမ်းပြင်

sakafu

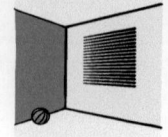

နံရံ

ukuta

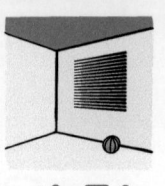

မျက်နှာကြက်

dari

မြေအောက်ခန်း

pishi

ချွေးထုတ်ခန်း

sauna

ဝရန်တာ

roshani

ဝရန်တာ

mtaro

ရေကူးကန်

kidimbwi

မြက်ရိတ်စက်

mashine ya kukata nyasi

အချုပ်

karatasi

အိပ်ယာခင်း

kitambaa cha kupamba
kitanda

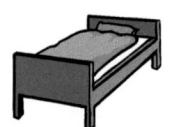

အိပ်ယာ

kitanda

တံမြက်စည်း

ufagio

ရေပုံး

ndoo

မီးခလုတ်

kubadili

ဧည့်ခန်း
sebuleni

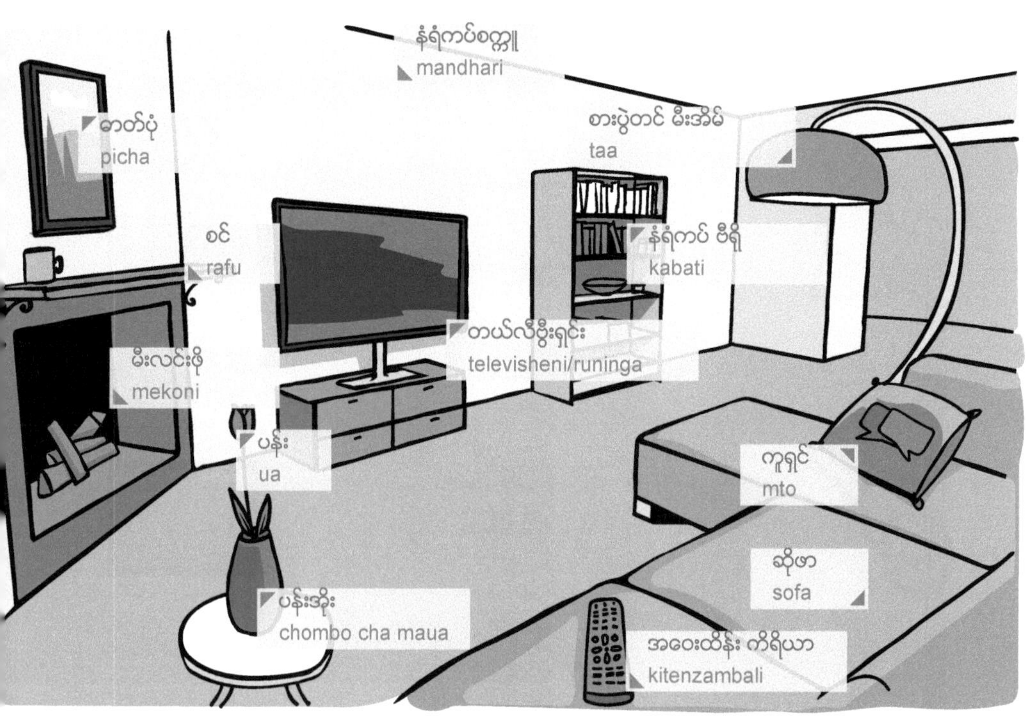
နံရံကပ်စက္ကူ
mandhari
ဓာတ်ပုံ
picha
စားပွဲတင် မီးအိမ်
taa
စင်
rafu
နံရံကပ် ဗီရို
kabati
တယ်လီဗွီးရှင်း
televisheni/runinga
မီးလင်းဖို
mekoni
ပန်း
ua
ကူရှင်
mto
ဆိုဖာ
sofa
ပန်းအိုး
chombo cha maua
အဝေးထိန်း ကိရိယာ
kitenzambali

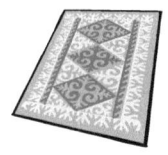

ကော်ဇော

zulia

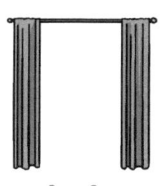

ကန့်လန့်ကာ

pazia

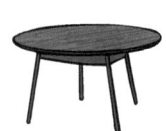

စားပွဲခုံ သို့မဟုတ် ဇယား

meza

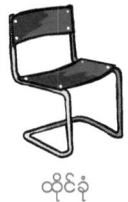

ထိုင်ခုံ

kiti

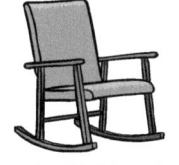

ရှေ့နောက် ယိမ်းနိုင်သည့် ထိုင်ခုံ

kiti cha bembea

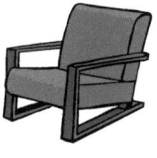

လက်တင်ထိုင်ခုံ

armchair

စာအုပ်

kitabu

စောင်

blanketi

အပြင်အဆင်

mapambo

ထင်း

kuni

ဖလင် သို့မဟုတ် ရုပ်ရှင်

filamu

ဟိုင်ဖိုင် ကိရိယာ

kifaa cha hi-fi

သော့

ufunguo

သတင်းစာ

gazeti

ပန်းချီကား

uchoraji

ပိုစတာ

bango

ရေဒီယို

redio

မှတ်စုစာရွက်အုပ်

daftari

ဖုံစုပ်စက်

kifyonza

ရှားစောင်းပင်

dungusi kakati

ဖယောင်းတိုင်

mshumaa

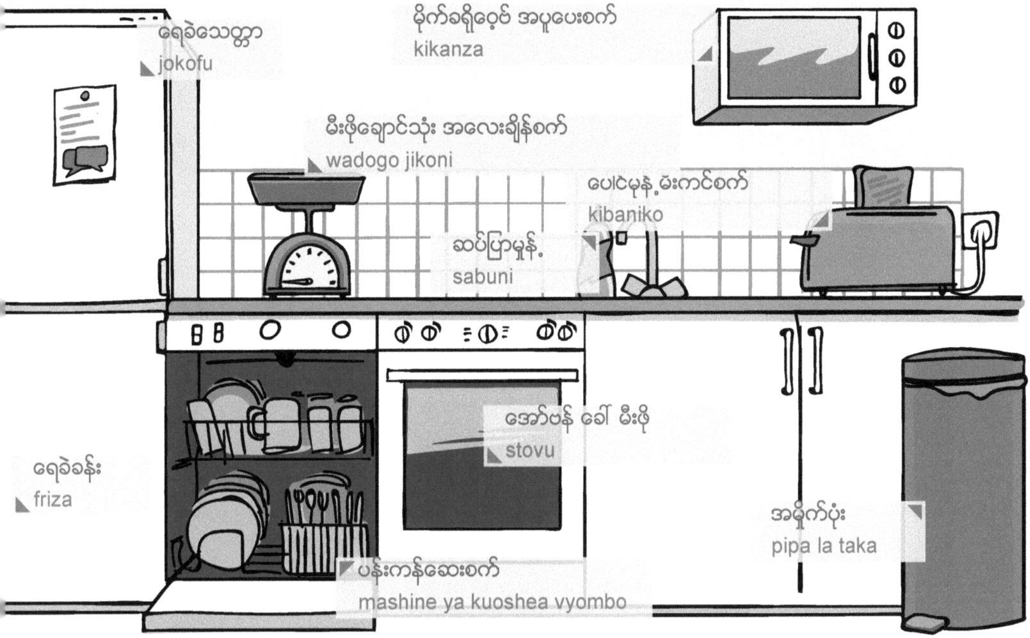

ရေခဲသေတ္တာ
jokofu

မိုက်ခရိုဝေ့ဗ် အပူပေးစက်
kikanza

မီးဖိုချောင်သုံး အလေးချိန်စက်
wadogo jikoni

ဆပ်ပြာမှုန့်
sabuni

ပေါင်မုန့် မီးကင်စက်
kibaniko

ရေခဲခန်း
friza

အော်ဗန် ခေါ် မီးဖို
stovu

အမှိုက်ပုံး
pipa la taka

ပန်းကန်ဆေးစက်
mashine ya kuoshea vyombo

လျှပ်စစ် ချက်ပြုတ်အိုး

jiko la kupika

အိုး

chungu

သံအိုးကြီး

sufuria ya chuma

မွှေကြော်သည့် ဒယ်အိုးကြီး /
ကာဒိုင်း

wok / kadai

ဒယ်အိုး

kaango

ရေနွေးတည်သည့်အိုး

birika

ပေါင်းစက်

stima

မုန့်ဖုတ်သည့် ပန်း

sinia ya kuoka

ကြွေပန်းကန်ပြား ခွက်ယောက်

vyombo vya udongo

မတ်ခွက်

kombe

ဇလုံပန်းကန်

bakuli

အစာစားသည့်တူများ

vijiti vya kulia

ယောက်ချို

ukawa

မွှေသည့်အတံ

mwiko mpana

ခေါက်တံ

burashi

စစ်သည့် အရာ

kichujio

စကာ

chujio

ခြစ်သည့်ကိရိယာ

mbuzi

ပြွတ်ဆုံ

chokaa

ဘာဘီကျူးကင်

barbeque

ထင်းမီးဖို

moto wazi

စင်းနီးတုံး

ubao wa majaribio

လည်နေသောပင်

kijiti cha kusukuma unga

ဖော့ဆို့

kizibuo

သံဗူး

kopo

သံဗူးဖောက်တံ

inaweza kopo

အိုးတင်သည့်အရာ

kishikio cha chungu

ရေဆေးသည့် နေရာ

karo

စုပ်တံ

brashi

ရေမြှုပ်

sifongo

မွှေသည့်စက်

kisagaji matunda

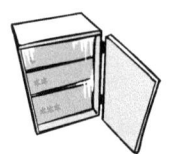

အေးခဲသည့် ရေခဲခန်း

friji ya kina

ကလေးနို့ဗူး

chupa ya mtoto

ရေပိုက်ခေါင်း

bomba

ရေချိုးခန်း

bafu

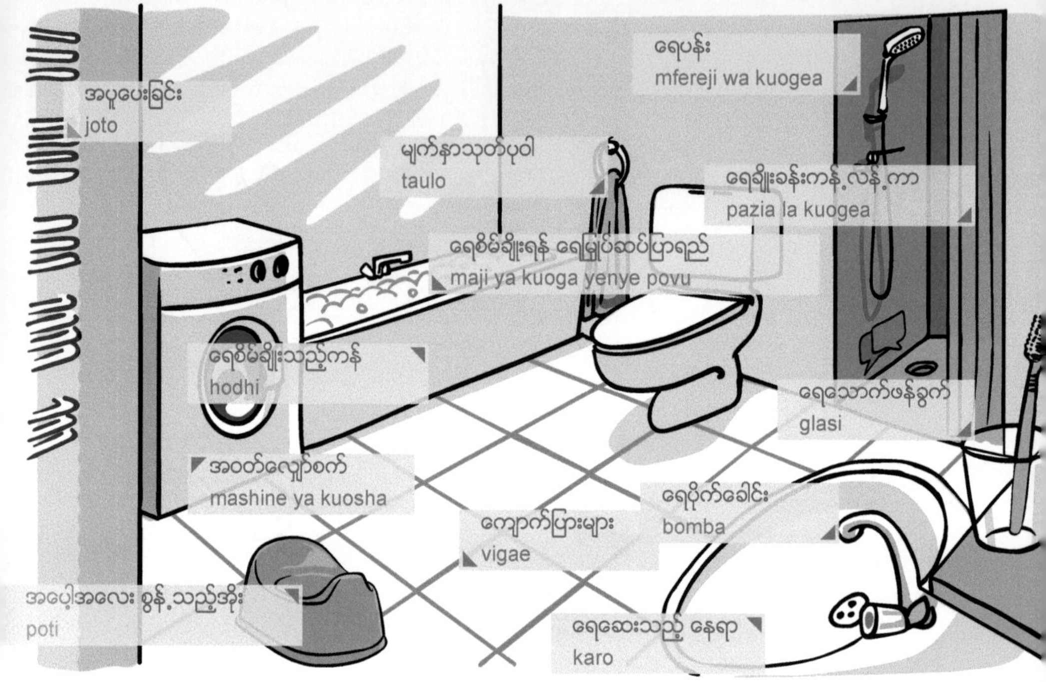

ရေပန်း
mfereji wa kuogea
အပူပေးခြင်း
joto
မျက်နှာသုတ်ပုဝါ
taulo
ရေချိုးခန်းကန့်လန့်ကာ
pazia la kuogea
ရေစိမ်ချိုးရန် ရေမြှုပ်ဆပ်ပြာရည်
maji ya kuoga yenye povu
ရေစိမ်ချိုးသည့်ကန်
hodhi
ရေသောက်ဖန်ခွက်
glasi
အဝတ်လျှော်စက်
mashine ya kuosha
ရေပိုက်ခေါင်း
bomba
ကျောက်ပြားများ
vigae
အပေါ့အလေး စွန့်သည့်အိုး
poti
ရေဆေးသည့် နေရာ
karo

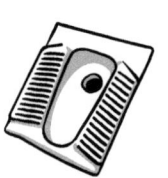

အိမ်သာ

choo

ဆောင့်ကြောင့်ထိုင်ရသည့် အိမ်သာ

choo cha squat

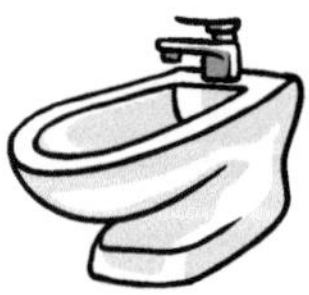

အမျိုးသမီးသုံး အောက်ပိုင်းဆေးသည့် ကမုတ်

beseni la mviringo

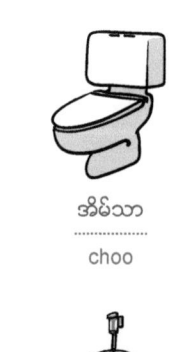

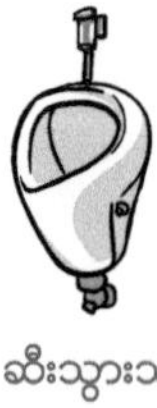

အမျိုးသား ဆီးသွားသည့်ကမုတ်

choo cha umma

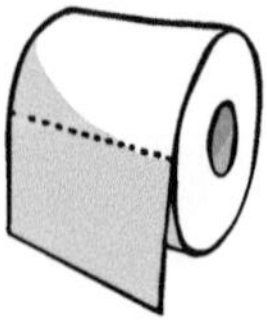

အိမ်သာသုံး စက္ကူ

shashi

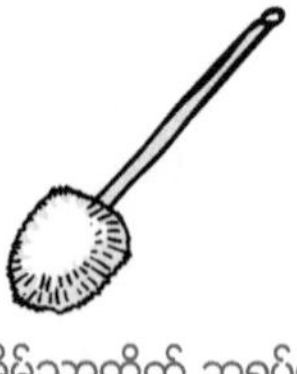

အိမ်သာတိုက် ဘရပ်ရှ်

brashi ya choo

သွားတိုက်တံ

mswaki

သွားတိုက်ဆေး

dawa ya meno

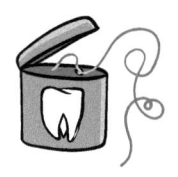

သွား ချေးထုတ်သည့် ကြိုး

dawa ya meno

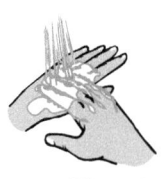

ဆေးကြောသည်

safisha

လက်ကိုင် ရေပန်း

kuoga mkono

ရေပန်းဖြင့်ရေချိုးခြင်း

msukumo wa maji

ရေအင်တုံ

bonde

နောက်ကျော ချေးတွန်းသည့် ဘရပ်ရှ်

mpako wa pili

ဆပ်ပြာ

sabuni

ရေချိုးဆပ်ပြာရည်

jeli ya kuogea

ခေါင်းလျှော်ရည်

shampuu

ဖလန်နယ်စ

flana

ရေထွက်ပေါက်

toa maji

ခရင်မ်

krimu

ဒီအော်ဒရန့် ခေါ်
ကိုယ်လိမ်းအမွှေးနံ့သာ

kiondoa harufu

မှန်
kioo

လက်ကိုင်မှန်
kioo mkono

မုတ်ဆိတ်ရိတ်တံ
kinyozi

မုတ်ဆိတ်ရိတ်ရန် အမြှုပ်
povu la kunyoa

မုတ်ဆိတ်ရိတ်ပြီး
လိမ်းသည့်အမွှေးနံ့သာ
baada ya kunyoa

ခေါင်းဘီး
kichana

ဘရုပ်ရှ်
brashi

ဆံပင်ခြောက်စက်
kikausha nywele

ဆံပင်ဖြန်းဆေး
marashi ya nyewele

မိတ်ကပ်
vipodozi

နှုတ်ခမ်းဆိုးဆေး
kidomwa

လက်သည်းဆိုးဆေး
varnish ya msumari

ဝွမ်းလုံး
pamba

လက်သည်းညှပ် ကပ်ကြေး
mkasi wa kucha

ရေမွှေး
manukato

ရေချိုးခန်းသုံး အိတ်

mkoba wa kuosha

ခွေးခြေ

kinyesi

ကိုယ်အလေးချိန်တိုင်းသည့်စက်

mizani

ရေချိုးပြီး ဝတ်သည့်ဝတ်ရုံ

nguo ya kuoga

ရာဘာ လက်အိတ်များ

glavu za mpira

တန်ပွန် ခေါ် ဓမ္မတာလာစဉ် မိန်း
မကိုယ်တွင်းထည့်သည့်အရာ

kisodo

အမျိုးသမီး လစဉ်သုံးပုဝါစ

sodo

ဓာတုပစ္စည်းထည့်သုံးသည့်
အိမ်သာ

kemikali choo

ကလေး အခန်း

chumba ya mtoto

နှိုးစက်
saa ya kengele
ဖက်အိပ်သည့်အရုပ်
kidoli cha kupakata
အရုပ်ကား
gari bandia
ခလောက်
kelele
အရုပ်မအိမ်
chumba cha midoli
လက်ဆောင်
sasa

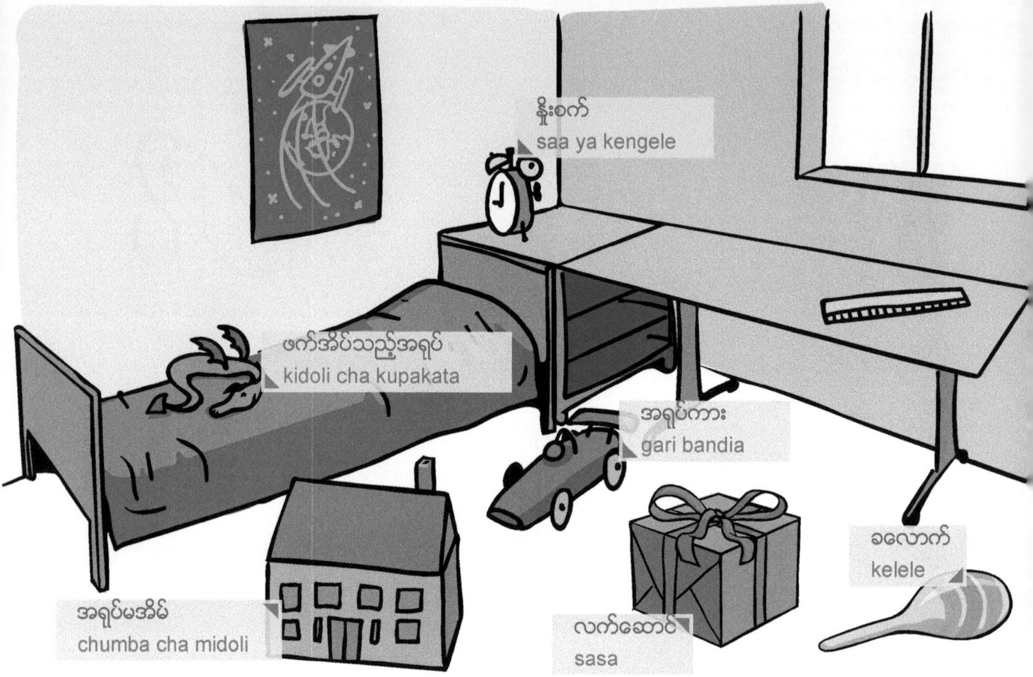

ပူဖောင်း

baluni

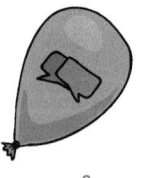

အိပ်ယာ

kitanda

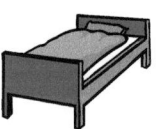

ကလေးတွန်းလှည်း

mashua

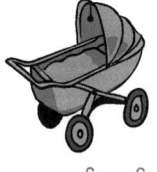

ကစားသည့်ကတ်ထုပ်

staha ya kadi

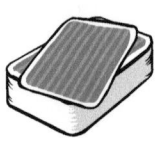

ဂျစ်ဆော ခေါ်
ဆက်၍ကစားသည့်
အပိုင်းအစများ

mchezo-fumb

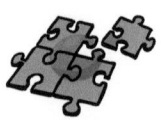

ရုပ်ပြစာအုပ်

vichekesho

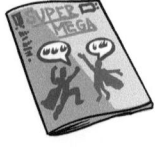

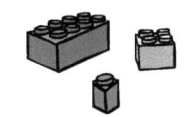

ဆောက်ရွက်ကစားသည့် လေဂို
အတုံးများ
matofali lego

ဆောက်ရွက်ကစားသည့်
အတုံးများ
vitalu mwigo

လုပ်ရှားလှုပ်ကိုင်သူ
hatua takwimu

ဘောဒီဂရိုး
suti ya kulalia

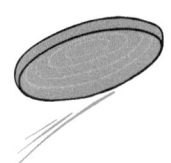

ဖရစ်ဘီး ခေါ် ပစ်၍ ကစားသည့်
အပြား
kisahani

ရွှေ့လျားနိုင်သော
simu

ဘုတ်ပြားပေါ် တွင် ကစားနည်း
ubao wa michezo

အံစာတုံး
kete

ကစားစရာ ရထား အစုံမော်ဒယ်
garimoshi mwigo

အရုပ်
dummy

ပါတီ
chama

ရုပ်ပြစာအုပ်
picha kitabu

ဘောလုံး
mpira

အရုပ်မ
kikaragosi

ကစားသည်
kucheza

ကစားသည့် သဲပုံး

shimo la mchanga

ဒန်း

bembea

အရုပ်များ

vitu bandia

ဗွီဒီယိုဂိမ်းကစားသည့် စက်

kiweko cha video ya mchezo

သုံးဘီး စက်ဘီး

baiskeli ya magurudumu

matatu

တက်ဒီ ဝက်ဝံရုပ်

mwanasesere

အဝတ်ဗီရို

kabati

ခြေအိတ်များ

soksi

အမျိုးသမီးဝတ် ခြေအိတ်ရှည်

stokingi

အမျိုးသမီး ခြေအိတ်အကြပ်

kibano

ပုဝါ
skafu

ထီး
mwavuli

တီရှပ်
fulana

ခါးပတ်
ukanda

ဘွတ်ဖိနပ်များ
viatu

ခြေညှပ်ဖိနပ်များ
ndara

အားကစားဖိနပ်များ
wakufunzi

ခြေစွပ် နောက်ပိတ်ဖိနပ်
malapa

ရှူးဖိနပ်များ
viatu

ရာဘာ ဘွတ်ဖိနပ်များ
mabuti ya mpira

အောက်ခံ အဝတ်များ
suruali ya ndani

ဘရာဇီယာ
sidiria

အပေါ်ထပ် လက်ပြတ်အကျီ
fulana

ကိုယ်ခန္ဓာ

mwili

ဘောင်းဘီရှည်

suruali

ဂျင်းဘောင်းဘီ

dangirizi

စကပ်

sketi

ဘလောက်စ်အကျႌ

blauzi

ရှပ်အကျႌ

shati

ခေါင်းစွပ်အကျႌ

vuta

ခေါင်းစွပ်ပါ အကျႌ

sweta

ဘလေဇာကုတ်အကျႌ

bleza

ဂျက်ကတ်အကျႌ

jaketi

ကုတ်အကျႌ

koti

မိုးကာ ကုတ်အကျႌ

koti la mvua

ဝတ်စုံ

maleba

ဂါဝန်

gauni

လက်ထပ် ဝတ်စုံ

mavazi ya harusi

အနောက်တိုင်းဝတ်စုံပြည့်

suti

ညအိပ်အကျီ

vazi la usiku

ညအိတ်ဝတ်စုံ

pajama

ဆာရီ

sari

ခေါင်းအုပ်ပုဝါ

skafu

တာဘန် ခေါ် ခေါင်းပေါင်း

kilemba

ဘာကာခေါ်
အမျိုးသမီးခေါင်းအုပ်

burka

ကာဖ်တန် ခေါ်
အမျိုးသားဝတ်ဘောင်းဘီ

kaftan

အာဘယာ ခေါ် မွတ်ဆလင်
အမျိုးသမီးဝတ်အကျီ

abaya

ရေကူးဝတ်စုံ

vazi la kuogelea

အဝတ်သေတ္တာ

vazi la kiume la kuogelea

ဘောင်းဘီတို

kaptura

အားကစားဝတ်စုံ

teitei

ခါးစည်း အဝတ်

aproni

လက်အိတ်များ

glavu

ကြယ်သီး

kifungo

မျက်မှန်

glasi

လက်ကောက်

bangili

လည်ဆွဲ

mkufu

လက်စွပ်

pete

နားကပ်

herini

ခေါင်းဆောင်း ဦးထုပ်

kofia

ကုတ်အင်္ကျီ ချိတ်

kiango cha koti

ဦးထုပ်

kofia

နက်တိုင်

tai

ဇစ်

zipu

ဟဲလ်မက်ခေါ် ခေါင်းဆောင်း

kofia

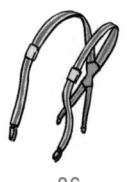

သွားထိန်းများ

kanda za suruali

ကျောင်းဝတ်စုံ

sare za shule

ယူနီဖောင်းဝတ်စုံ

sare

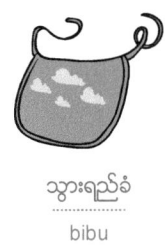

သွားရည်ခံ

bibu

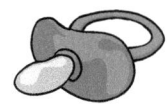

အရုပ်

dummy

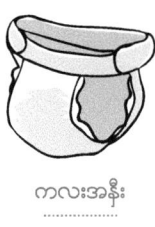

ကလေးအနှီး

nepi

ရုံးခန်း
ofisi

ဆာဗာ
seva
ဖိုင်ထည့်သည့် ဗီရို
kabati la kuweka faili
စာရွက်
karatasi
ပရင်တာ
kichapishaji
မော်နီတာ
kiwambo
မောက်စ်
kipanya
စာရေးစားပွဲခုံ
dawati
စာရွက်ထည့်သည့် ခေါက်ဖိုင်
folda
ကီးဘုတ်
kibodi
စက္ကူပုံး
u cha kuweka karatasi chafu
ကွန်ပျူတာ
kompyuta
ထိုင်ခုံ
kiti

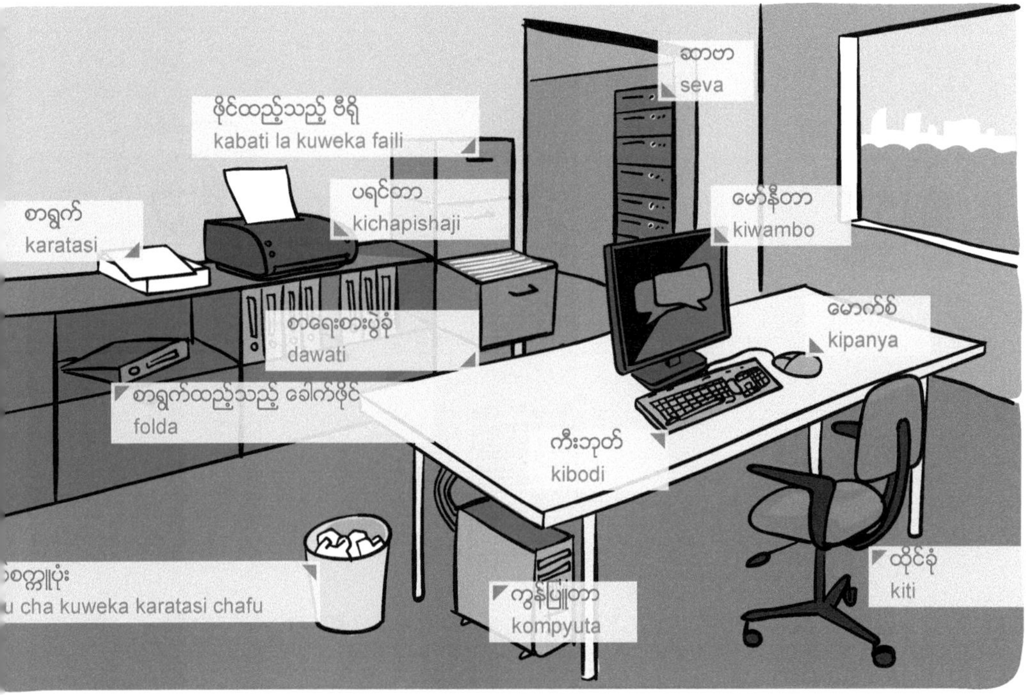

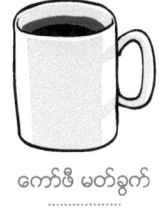

ကော်ဖီ မတ်ခွက်

kmobe la kahawa

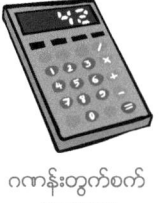

ဂဏန်းတွက်စက်

kikokotoo

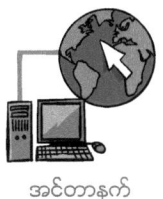

အင်တာနက်

biashara

ပေါင်ပေါ် တင်ရိုက်နိုင်သည့်
ကွန်ပျူတာ
mbali

စာ
barua

မက်ဆေ့ချ်
ujumbe

မိုဘိုင်းဖုန်း
rununu

ကွန်ရက်
intaneti

မိတ္တူကူးစက်
fotokopia

ဆော့ဖ်ဝဲရ်
programu

တယ်လီဖုန်း
simu

ပလပ်ပေါက်
soketi

ဖက်စ်ပို့သည့် စက်
kipepesi

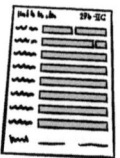

ပုံစံ
fomu

စာရွက်စာတမ်း
hati

ဝယ်ယူသည်

kununua

ပေးအပ်သည်

kulipa

ကုန်သွယ်သည်

biashara

ပိုက်ဆံ

fedha

USD

ဒေါ်လာ

dola

EUR

ယူရိုငွေ

yuro

JPY

ယန်းငွေ

yeni

RUB

ရူဘယ်ငွေ

rouble

CHF

ဆွစ်ဇာလန်နိုင်ငံသုံးငွေ

faranga ya Uswisi

CNY

ရမ်မင်ဘီ ယွမ်

renminbi yuan

INR

ရူပီး

rupia

ငွေချေသည့်နေရာ

eneo la kulipia

ငွေလဲဌာန

ofisi ya ubadilishanaji

ရွှေ

dhahabu

ငွေ

fedha

ဆီ

mafuta

စွမ်းအင်

nishati

ဈေးနှုန်း

bei

စာချုပ်

mkataba

အခွန်

kodi

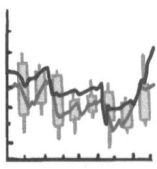

စတော့ဈေးကွက်

bidhaa

အလုပ်လုပ်သည်

kazi

ဝန်ထမ်း

mfanyakazi

အလုပ်ရှင်

mwajiri

စက်ရုံ

kiwanda

ဆိုင်

duka

အလုပ်အကိုင်များ
kazi

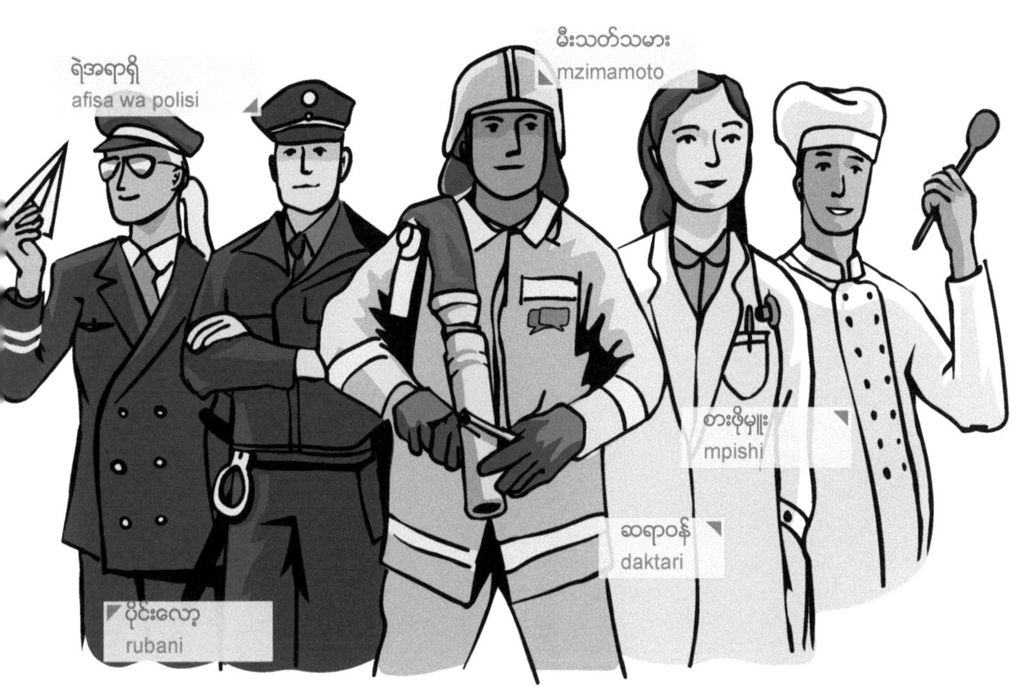

ရဲအရာရှိ
afisa wa polisi
မီးသတ်သမား
mzimamoto
စားဖိုမှူး
mpishi
ဆရာဝန်
daktari
ပိုင်းလော့
rubani

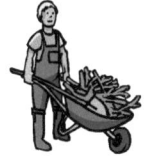

မာလီ

mtunza bustani

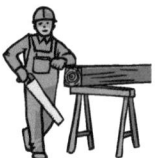

လက်သမား

seremala

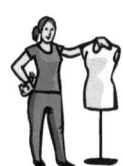

စက်ချုပ်သူ

mshonaji

တရားသူကြီး

hakimu

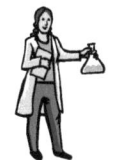

ဓာတုဗေဒပညာရှင်

mwanakemia

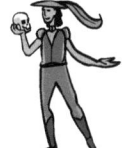

သရုပ်ဆောင်

muigizaji

ဘတ်စ်ကားမောင်းသမား

dereva wa basi

တက်စီမောင်းသူ

dereva wa teksi

ငါးဖမ်းသမား

mvuvi

သန့်ရှင်းရေး အလုပ်သမ

mwanamke wa kusafisha

အမိုးပြင်သူ

mwezekaji

စားပွဲထိုး

mhudumu

အမဲလိုက်မုဆိုး

mwindaji

ဆေးသုတ်သမား သို့ မဟုတ်
ပန်းချီဆရာ

mchoraji

မုန့် ဖုတ်သမား

mwokaji

လျှပ်စစ်ပညာရှင်

umeme

ဆောက်လုပ်ရေးသမား

mjenzi

အင်ဂျင်နီယာ

mhandisi

သားသတ်သမား

mchinjaji

ပိုက်ဆက်ဆရာ

fundi bomba

စာပို့သမား

mwanaposta

စစ်သား

mwanajeshi

ဗိသုကာပညာရှင်

msanifu majengo

ငွေကိုင်

keshia

ပန်းပညာရှင်

muuza maua

ဆံပင်အလှပြင်သူ

msusi

လက်မှတ်စစ်

kondakta

စက်ပြင်ဆရာ

mekanika

ကပ္ပတိန်

nahodha

သွားဘက်ဆိုင်ရာ ဆရာဝန်

daktari wa meno

သိပ္ပံပညာရှင်

mwanasayansi

ရာဘိုင်

rabbi

မွတ်ဆလင် တရားဟောဆရာ

imamu

ဘုန်းကြီး

mtawa

တရားဟောဆရာ

kasisi

ကိရိယာ တန်ဆာပလာများ

zana

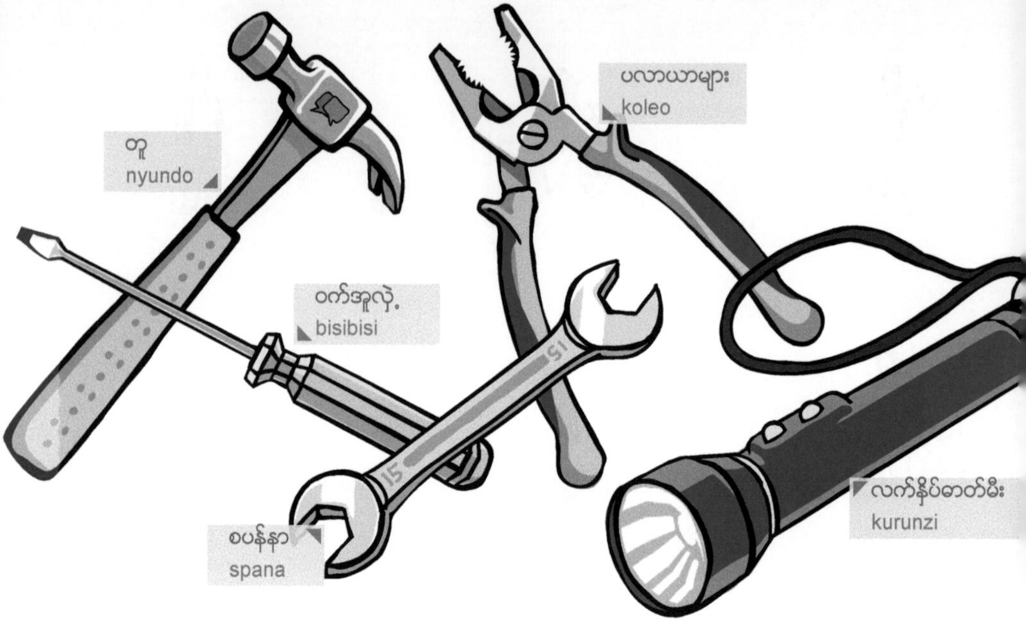

တူ
nyundo
ပလာယာများ
koleo
ဝက်အူလှည့်
bisibisi
စပန်နာ
spana
လက်နှိပ်ဓာတ်မီး
kurunzi

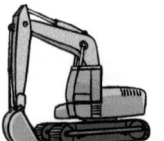

မြေတူးစက်

mchimbaji

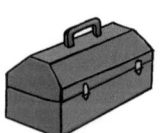

လက်သမားသုံးကိရိယာသေတ္တာ

sanduku la vifaa

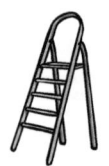

လှေကား

ngazi

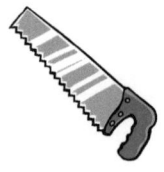

လွှ

msumeno

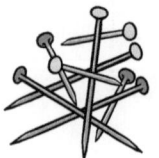

လက်သည်းများ

misumari

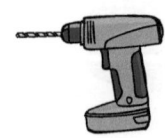

အပေါက်ဖောက်စက်

kuchimba visima

ပြင်ဆင်သည်
kukarabati

ဂေါ်ပြား
sepetu

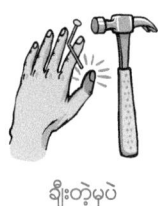

ရှီးတွဲ့မုပဲ
Lo!

ဖုန်ကျိုးသည့် ဂေါ်ပြား
kishikio cha uchafu

ဆေးရောင်အိုး
chungu cha rangi

ဝက်အူများ
skurubu

ဂီတတူရိယာများ
ala za muziki

ဒရမ် အစုံ
mpangilio wa ngoma

အသံရဲ့.စက်
spika

ဂီတာ
gita

နှစ်ထပ် ဘောစ်ဂီတာ
besi mara mbili

တံပိုး တူရိယာ
tarumbeta

စန္ဒယား
....
piano

တယော
....
fidla

ဘော်ဂီတာ
....
ubeji

နားစည်အမြှေးပါး
....
timpani

ဒရမ်များ
....
ngoma

ကီးဘုတ် တူရိယာ
....
kibodi

ဆက်ဆိုဖုန်း ခေါ်
လေမှုတ်တူရိယာ
....
saksafoni

ပုလွေ
....
filimbi

စကားပြောစက်
....
maikrofoni

တိရိစ္ဆာန်ရုံ

bustani ya wanyama

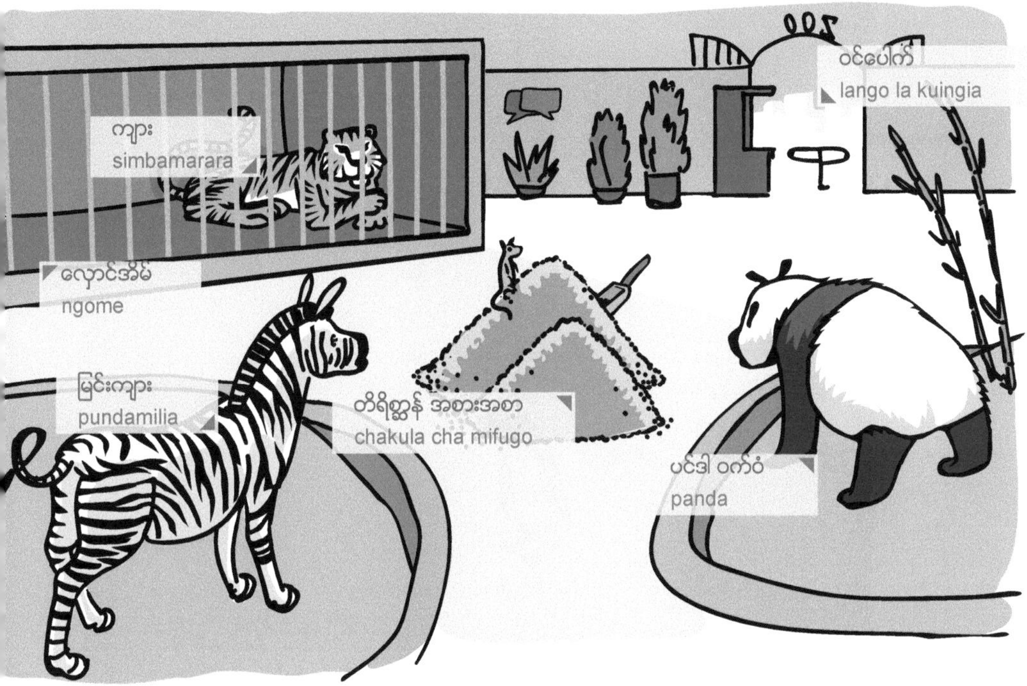

ကျား
simbamarara
ဝင်ပေါက်
lango la kuingia
လှောင်အိမ်
ngome
မြင်းကျား
pundamilia
တိရိစ္ဆာန် အစားအစာ
chakula cha mifugo
ပင်ဒါ ဝက်ဝံ
panda

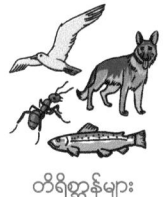

တိရိစ္ဆာန်များ

wanyama

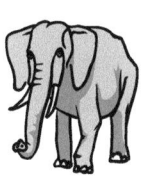

ဆင်

tembo

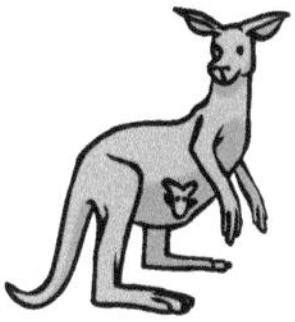

သားပိုက်ကောင်

kangaruu

ကြံ့

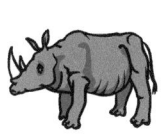

kifaru

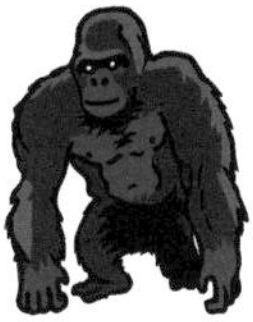

ဂေါ်ရီလာမျောက်

sokwe

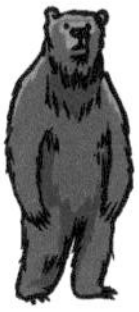

ဝက်ဝံ

dubu

ကုလားအုတ်

ngamia

ငှက်ကုလားအုတ်

mbuni

ခြင်္သေ့

simba

မျောက်

tumbili

ဖလန်မင်းဂိုးငှက်

heroe

ကြက်တူရွေး

kasuku

ပိုလာဝက်ဝံ

dubu

ပင်္ဂွင်းငှက်

penguini

ငါးမန်း

papa

ဥဒေါင်းငှက်

tausi

မြွေ

nyoka

မိချောင်း

mamba

တိရိစ္ဆာန်ရုံ ထိန်းသိမ်းသူ

mtunza wanyama

ဖျံ

muhuri

ကျားသစ်

jaguar

ပိုနီမြင်း

mwanafarasi

ကျားသစ်

chui

ရေမြင်း

kiboko

သစ်ကုလားအုတ်

twiga

သိန်းငှက်

tai

တောဝက်

nguruwe mwitu

ငါး

samaki

လိပ်

kobe

ပင်လယ်ဖျံကြီး

sili

မြေခွေး

mbweha

ဦးချိုပါ သမင်ညိုတစ်မျိုး

paa

အမေရိကန် ဖွတ်ဘော
soka ya marekani

စက်ဘီးစီးခြင်း
uendeshaji baiskeli

တင်းနစ်ရိုက်ခြင်း
tenisi

ဘတ်စကက်ဘော
mpira wa kikapu

ရေကူးခြင်း
kuogelea

လက်ဝှေ့
ndondi

ရေခဲပြင် ဟော်ကီ
magongo ya barafuni

ဘောလုံးကန်ခြင်း
soka

ကြက်တောင်ရိုက်ခြင်း
vinyoya

ကိုယ်လက်လှုပ်ရှား
အားကစားများ
riadha

ဟန်းဒ်ဘော ခေါ် လက်ပစ်ဘော
mpira wa mikono

နှင်းလျှောစီးခြင်း
skii

ပိုလို
polo

လှုပ်ရှားမှုများ
shughuli

ရယ်မောသည်
cheka
ခုန်သည်
kuruka
ပွေ့ဖက်သည်
kumbatia
လမ်းလျှောက်သည်
kutembea
သီချင်းဆိုသည်
kuimba
အိပ်မက်သည်
ota ndoto
ဆုတောင်းသည်
kuomba
နမ်းရှုပ်သည်
busu

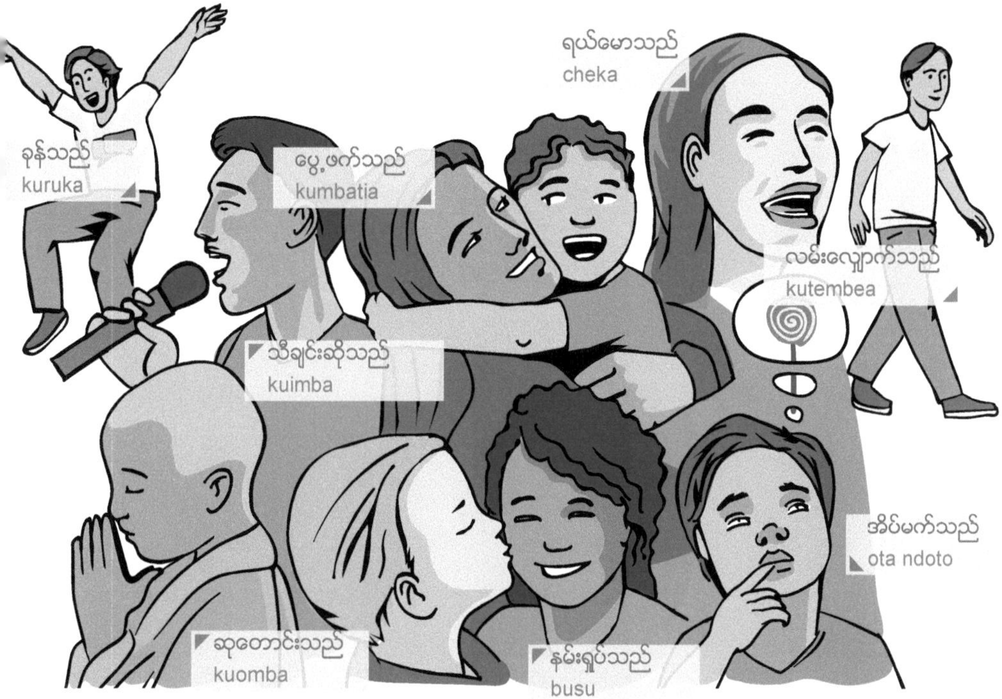

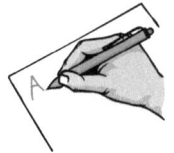

စာရေးသည်

kuandika

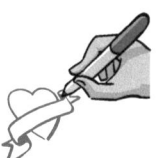

ရေးဆွဲသည်

kuteka

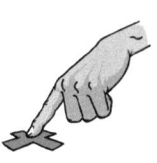

ပြသသည်

angalia

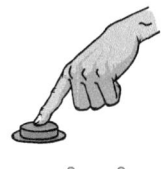

တွန်းသည်

sukuma

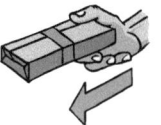

ပေးသည်

kutoa

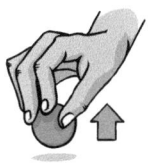

ယူသည်

kuchukua

ရှိသည်

kuwa

ပြုလုပ်သည်

fanya

ဖြစ်သည်

kuwa

မတ်တပ်ရပ်သည်

kusimama

ပြေးသည်

kukimbia

ဆွဲသည်

vuta

ပစ်သည်

kutupa

လဲကျသည်

kuanguka

လိမ်လည်သည်

hadaa

စောင့်ဆိုင်းသည်

kusubiri

သယ်ဆောင်သည်

kubeba

ထိုင်သည်

kukaa

အဝတ်အစားဝတ်သည်

vaa nguo

အိပ်သည်

usingizi

အိပ်ယာမှ ထသည်

kuamka

တစ်ခုခုကို ကြည့်ရှုသည်

kuangalia

ငိုသည်

lia

ပွတ်သပ်သည်

kiharusi

ဘီးဖီးသည်

chana nywele

စကားပြောသည်

ongea

နားလည်သည်

kuelewa

မေးသည်

kuuliza

နားထောင်သည်

kusikiliza

သောက်သည်

kunywa

စားသည်

kula

သပ်ရပ်အောင်လုပ်သည်

nadhifisha

ချစ်သည်

upendo

ချက်ပြုတ်သည်

mpishi

 မောင်းသည်

gari

ပျံသန်းသည်

kuruka

ရွက်လွှင့်သည်

meli

တွက်ပါ

kokotoa

ဖတ်သည်

kusoma

သင်ယူသည်

kujifunza

အလုပ်လုပ်သည်

kazi

လက်ထပ်သည်

kuoa

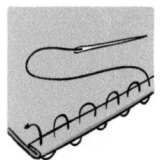

အပ်ချုပ်သည်

kushona

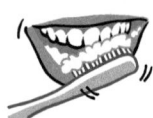

သွားတိုက်သည်

piga mswaki

သတ်သည်

kuua

ဆေးလိပ်သောက်သည်

moshi

ပို့သည်

kutuma

လှုပ်ရှားမှုများ - shughuli

မိသားစု
familia

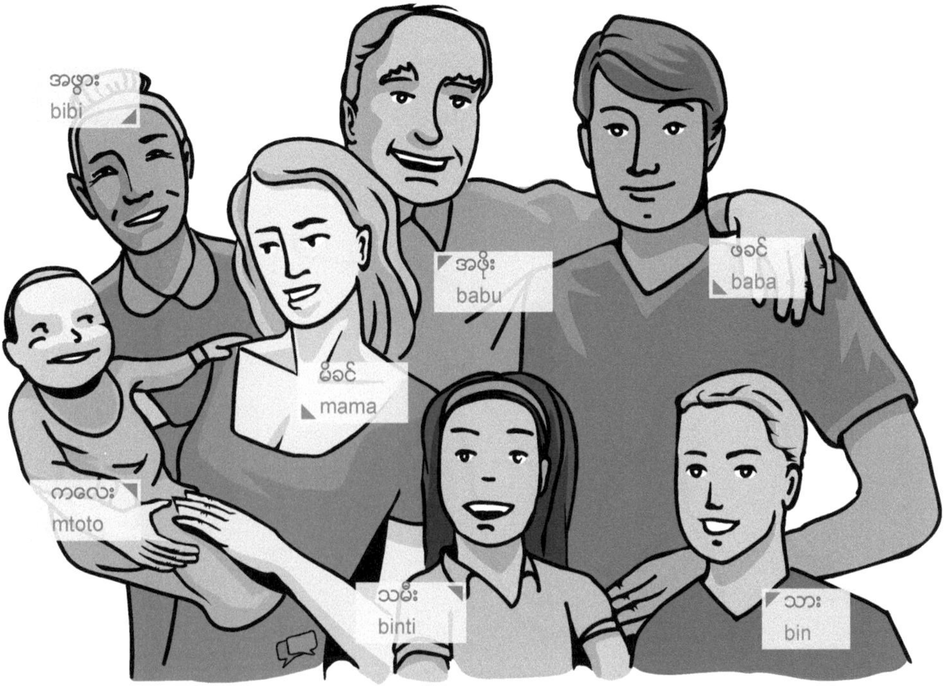

အဖွား
bibi
အဖိုး
babu
ဖခင်
baba
မိခင်
mama
ကလေး
mtoto
သမီး
binti
သား
bin

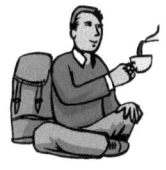

ဧည့်သည်

mgeni

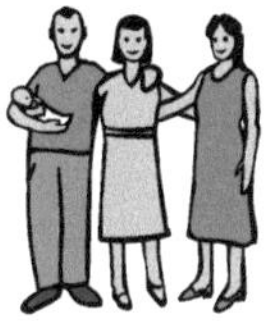

အဒေါ်

shangazi

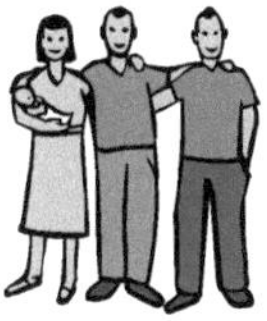

ဦးလေး

mjomba

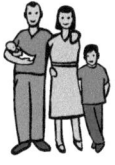

အစ်ကို

kaka

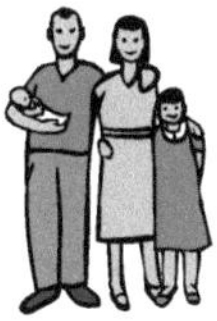

အစ်မ

dada

ကိုယ်ခန္ဓာ
mwili

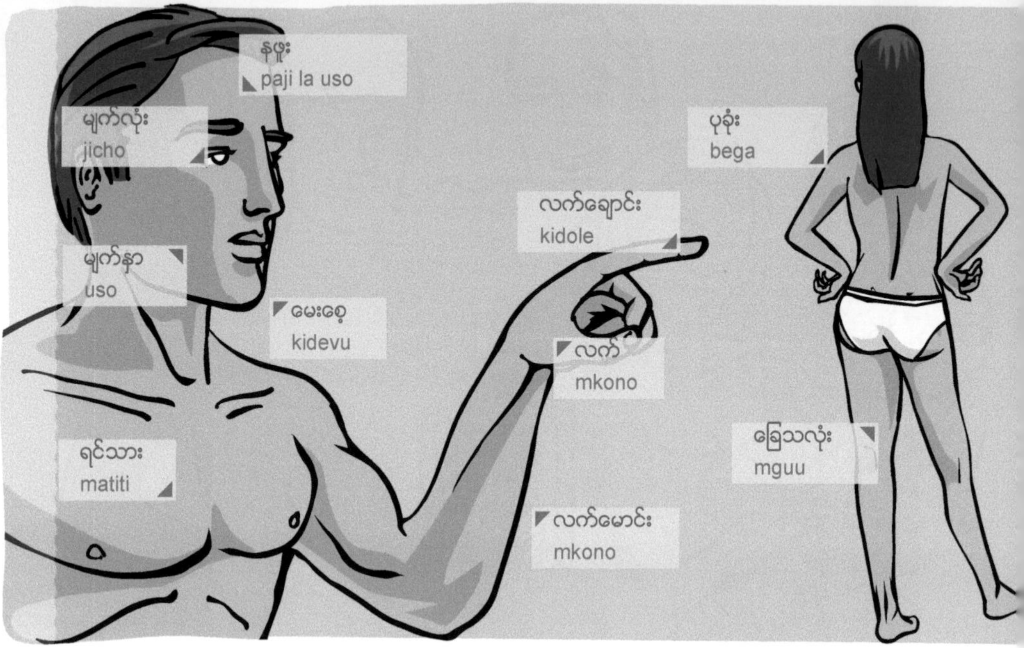

နဖူး
paji la uso

မျက်လုံး
jicho

မျက်နှာ
uso

ရင်သား
matiti

မေးစေ့
kidevu

လက်ချောင်း
kidole

လက်
mkono

လက်မောင်း
mkono

ပုခုံး
bega

ခြေသလုံး
mguu

ကလေး

mtoto

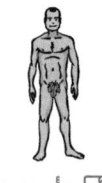

ယောက်ျားကြီး

mwanamume

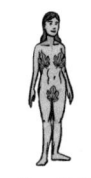

အမျိုးသမီးကြီး

mwanamke

မိန်းကလေး

msichana

ယောက်ျားလေး

mvulana

ဦးခေါင်း

kichwa

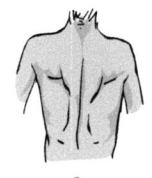

နောက်ကျော

nyuma

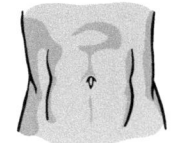

ဗိုက်

tumbo

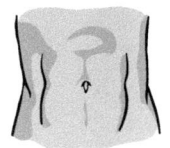

ချက်

kitovu

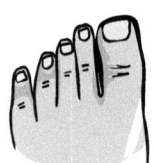

ခြေချောင်း

chano

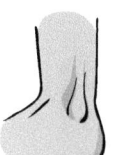

ဖနောင့်

kisigino

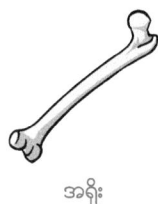

အရိုး

mfupa

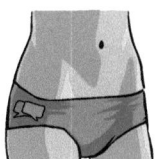

တင်ရိုး

nyonga

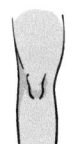

ဒူးခေါင်း

goti

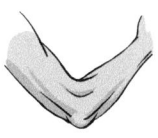

တံတောင်ဆစ်

kiwiko

နာခေါင်း

pua

တင်ပါး

chini

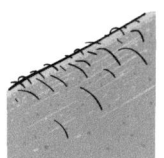

အရေပြား

ngozi

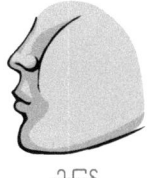

ပါးပြင်

shavu

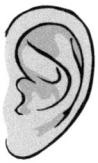

နား

sikio

နှုတ်ခမ်း

mdomo

ပါးစပ်

kinywa

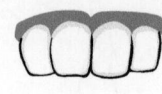

သွား

jino

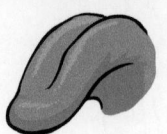

လျှာ

ulimi

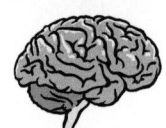

ဦးနှောက်

ubongo

နှလုံး

moyo

ကြွက်သား

misuli

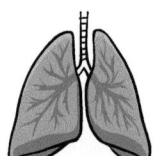

အဆုတ်

pafu

အသည်း

ini

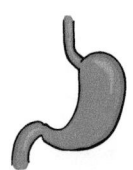

အစာအိမ်

tumbo

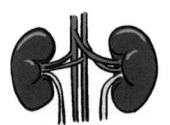

ကျောက်ကပ်များ

figo

လိင်

jinsia

ကွန်ဒုံး

kondomu

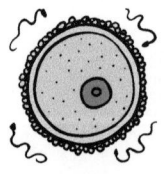

သားဥ

ovari

သုတ်ရည်

shahawa

ကိုယ်ဝန်

mimba

ဓမ္မတာလာခြင်း

hedhi

မိန်းမကိုယ်

uke

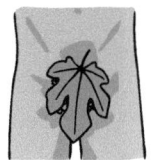

လိင်တံ

uume

မျက်ခုံး

unyusi

ဆံပင်

nywele

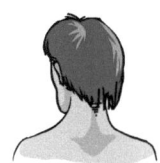

လည်ပင်း

shingo

ဆေးရုံ
hospitali

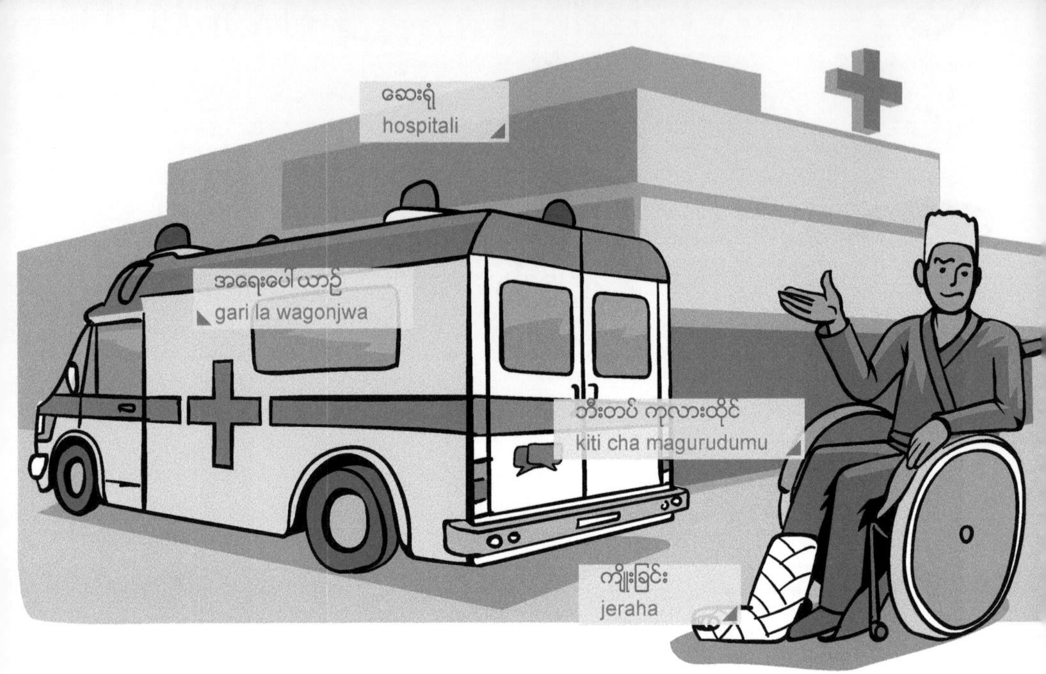

ဆေးရုံ
hospitali
အရေးပေါ်ယာဉ်
gari la wagonjwa
ဘီးတပ် ကုလားထိုင်
kiti cha magurudumu
ကျိုးခြင်း
jeraha

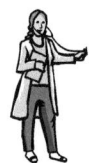

ဆရာဝန်

daktari

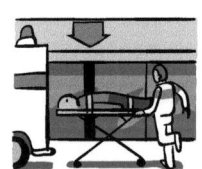

အရေးပေါ် ဆေးကုသခန်း

chumba cha dharura

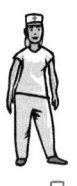

သူနာပြု

muuguzi

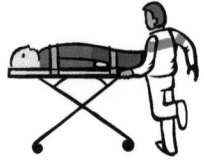

အရေးပေါ်

dharura

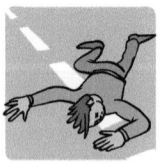

သတိလစ်ခြင်း

kupoteza fahamu

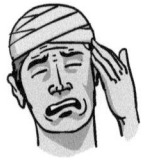

နာခြင်း

maumivu

ဒဏ်ရာ

kuumia

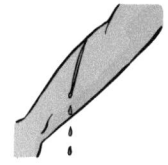

သွေးယိုထွက်ခြင်း

kutokwa na damu

နှလုံးရပ်ခြင်း

mshtuko wa moyo

လေဖြတ်ခြင်း

kiharusi

ဒဏ်မတည့်ခြင်း

mzio

ချောင်းဆိုးခြင်း

kikohozi

အဖျား

homa

တုတ်ကွေးရောဂါ

mafua

ဝမ်းပျက်ဝမ်းလျှောခြင်း

kuharisha

ခေါင်းကိုက်ခြင်း

maumivu ya kichwa

ကင်ဆာရောဂါ

kansa

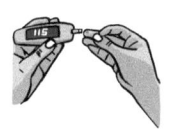

ဆီးချိုရောဂါ

ugonjwa wa kisukari

ခွဲစိတ်ဆရာဝန်

daktari mpasuaji

ခွဲစိတ်ခန်းသုံးဓါးပါး

kisu kidogo cha kupasulia

ခွဲစိတ်ခြင်း

operesheni

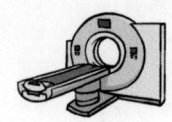

စီတီ
picha changanufu ya mwili

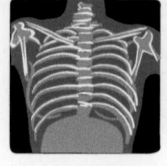

ဓာတ်မှန်
Eksrei

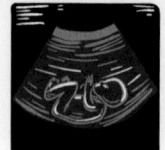

အာထရာဆောင်း
mawimbi sauti

မျက်နှာဖုံး
barakoa ya uso

ရောဂါ
ugonjwa

စောင့်ဆိုင်းရန် အခန်း
chumba cha kusubiri

ချိုင်းထောက်
mkongojo

ပလာစတာ
plasta

ပတ်တီး
bendeji

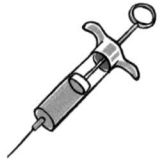

ထိုးဆေး
sindano

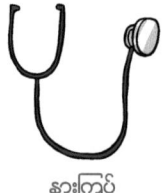

နားကြပ်
stetoskopu

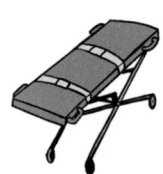

လူနာတင်ထမ်းစင်
machela

ကုသရေးပိုင်းသုံး
အပူချိန်တိုင်းသာမိုမီတာ
kipimajoto cha kliniki

မွေးဖွားခြင်း
kuzaliwa

အဝလွန်ခြင်း
unene kupita kiasi

နားကြားကိရိယာ
kusikia misaada

ပိုးသတ်ဆေး
kipukusi

ရောဂါကူးစက်ခြင်း
maambukizi

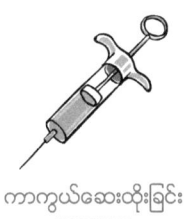

ဗိုင်းရပ်စ်ပိုး
virusi

အိတ်ချ်အိုင်ဗွီ /
အေအိုင်ဒီအက်စ်
VVU / UKIMWI

ဆေးဝါး
dawa

ကာကွယ်ဆေးထိုးခြင်း
chanjo

ဆေးလုံးများ
vidonge

ဆေးလုံး
kidonge

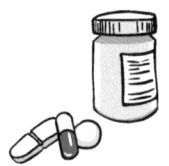

အရေးပေါ် ဖုန်းခေါ် ဆိုမှု
simu ya dharura

သွေးဖိအား စောင့်ကြည့်သည့်
ကိရိယာ
haemodainamometa

နာမကျန်းသော / ကျန်းမာသော
mgonjwa / mwenye afya

ကူညီကြပါ။
Msaada!

အရေးပေါ် ခေါင်းလောင်း
kengele

ရိုက်နက်သည်
pigo

တိုက်ခိုက်သည်
shambulizi

အန္တရာယ်
hatari

အရေးပေါ် ထွက်ပေါက်
lango la dharura

မီး။
Moto!

မီးသတ်ဗူး
kizima moto

မတော်တဆဖြစ်ရပ်
ajali

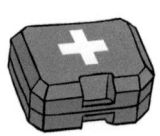

ကြက်ခြေနီ ဆေးပုံး
vifaa vya huduma ya kwanza

အက်စ်အို့အက်စ်
wito wa msaada

ရဲ
polisi

ဥရောပတိုက်

Ulaya

မြောက်အမေရိကတိုက်

Amerika ya Kaskazini

တောင်အမေရိကတိုက်

Amerika ya Kusini

အာဖရိကတိုက်

Afrika

အာရှတိုက်

Asia

သြစတြေးလျတိုက်

Australia

အတ္တလန္တိတ် သမုဒ္ဒရာ

Atlantiki

ပစိဖိတ် သမုဒ္ဒရာ

Pasifiki

အိန္ဒိယ သမုဒ္ဒရာ

Bahari ya Hindi

အန္တာတိတ် သမုဒ္ဒရာ

Bahari ya Antaktiki

အာတိတ် သမုဒ္ဒရာ

Bahari ya Aktiki

မြောက်ဝင်ရိုးစွန်း

Ncha ya Kaskazini

တောင်ဝင်ရိုးစွန်း

Ncha ya Kusini

အန္တာတိကတိုက်

Antaktika

ကမ္ဘာမြေကြီး

dunia

ကုန်းမြေ

nchi

ပင်လယ်

bahari

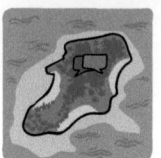

ကျွန်း

kisiwa

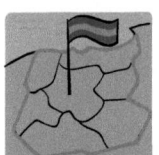

နိုင်ငံကူးလက်မှတ်

taifa

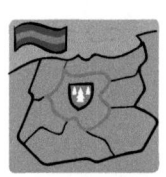

ပြည်နယ်

jimbo

နာရီမျက်နှာပြင်

uso wa saa

နာရီလက်တံ

akrabu ya saa

မိနစ်လက်တံ

akrabu ya dakika

ဒုတိယလက်တံ

akrabu ya sekunde

ဘယ်အချိန်ရှိပြီလဲ။

Ni saa ngapi?

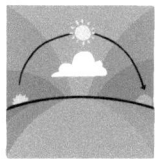

ရက်

siku

အချိန်

wakati

ယခု

sasa

ဒစ်ဂျစ်တယ် လက်ပတ်နာရီ

saa ya dijitali

မိနစ်

dakika

နာရီ

saa

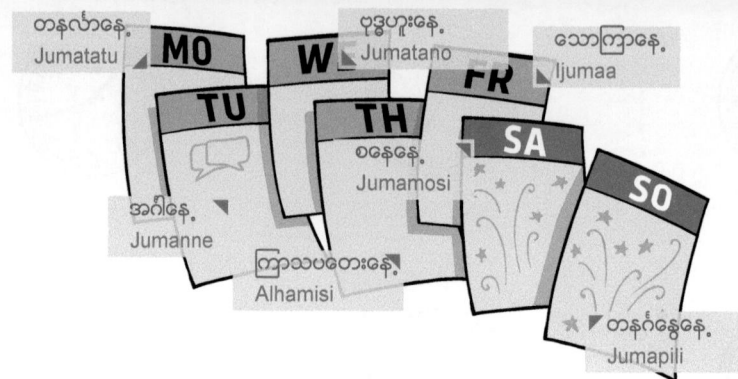

တနင်္လာနေ့ Jumatatu MO
ဗုဒ္ဓဟူးနေ့ Jumatano W
သောကြာနေ့ Ijumaa FR
TU
TH
စနေနေ့ Jumamosi
SA
SO
အင်္ဂါနေ့ Jumanne
ကြာသပတေးနေ့ Alhamisi
တနင်္ဂနွေနေ့ Jumapili

မနေ့က

jana

ယနေ့

leo

မနက်ဖြန်

kesho

မနက်

asubuhi

နေ့လည်

saa sita mchana

ညနေ

jioni

MO	TU	WE	TH	FR	SA	SU
1	2	3	4	5	6	7
8	9	10	11	12	13	14
15	16	17	18	19	20	21
22	23	24	25	26	27	28
29	30	31	1	2	3	4

အလုပ်လုပ်ရက်များ

siku za biashara

MO	TU	WE	TH	FR	SA	SU
1	2	3	4	5	6	7
8	9	10	11	12	13	14
15	16	17	18	19	20	21
22	23	24	25	26	27	28
29	30	31	1	2	3	4

စနေ တနင်္ဂနွေ အားလပ်ရက်

mwishoni mwa wiki

မိုး
mvua

သက်တန့်
upinde wa mvua

လေ
upepo

နှင်း
theluji

နွေဦးရာသီ
majira ya machipuko

နွေရာသီ
kiangazi

ဆောင်းဦးရာသီ
vuli

ဆောင်းရာသီ
majira ya baridi

4.APRIL	11°	☀
5.APRIL	4°	☁
6.APRIL	13°	⛈
7.APRIL	8°	❄
8.APRIL	10°	☀

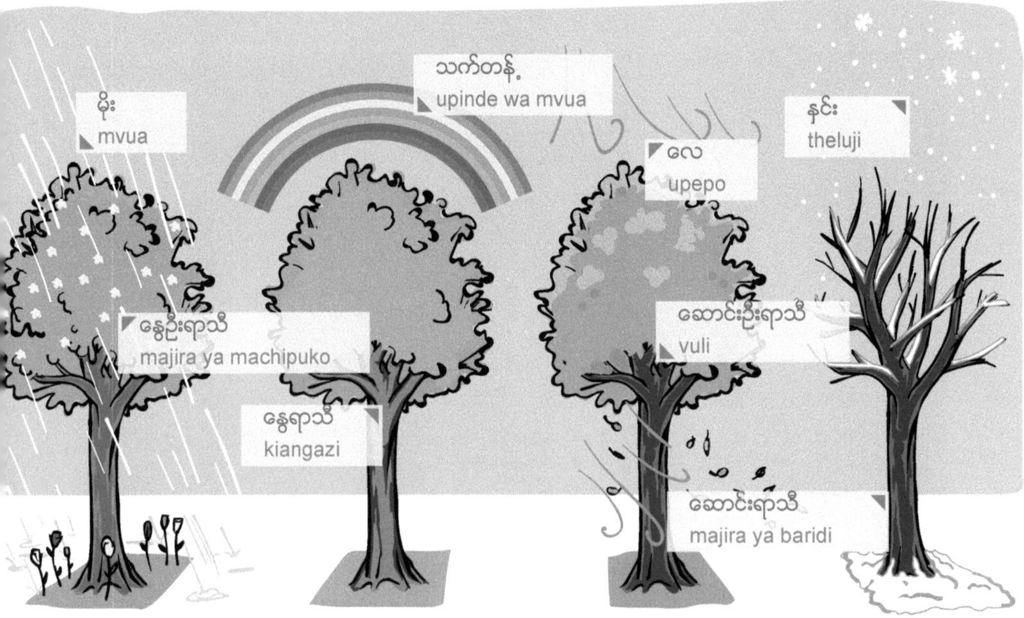

လေဝသ ကြိုတင်ခန့်မှန်းချက်

utabiri wa hali ya hewa

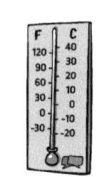

အပူချိန်တိုင်း ကိရိယာ

kipimajoto

နေရောင်ခြည်

mwanga wa jua

တိမ်

wingu

မြူ

ukungu

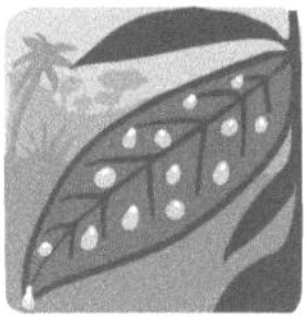

စိုထိုင်းဆ

unyevu

လျှပ်စီးလက်ခြင်း

umeme

မိုးကြီး

radi

မုန်တိုင်း

dhoruba

မိုးသီး

mvua ya mawe

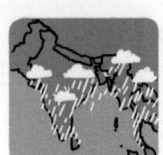

မိုးရာသီ

monsuni

ရေကြီးခြင်း

mafuriko

ရေခဲ

barafu

ဇန္နဝါရီလ

Januari

ဖေဖော်ဝါရီလ

Februari

မတ်လ

Machi

ဧပြီလ

Aprili

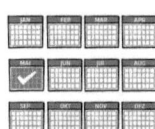

မေလ

Mei

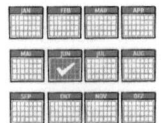

ဇွန်လ

Juni

ဇူလိုင်လ

Julai

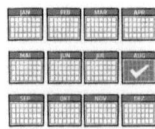

သြဂုတ်လ

Agosti

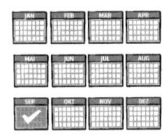

စက်တင်ဘာလ
....
Septemba

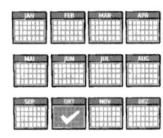

အောက်တိုဘာလ
....
Oktoba

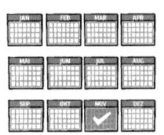

နိုဝင်ဘာလ
....
Novemba

ဒီဇင်ဘာလ
....
Desemba

ပုံစံများ
maumbo

စက်ဝိုင်း
....
mduara

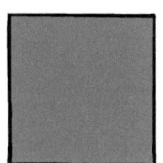

စတုရန်း
....
mraba

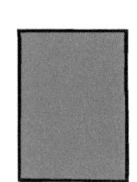

ထောင့်မှန်စတုဂံ
....
mstatili

တြိဂံ
....
pembetatu

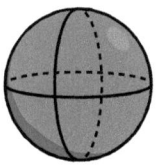

စက်ဝန်း
....
nyanja

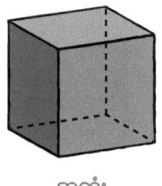

အတုံး
....
mchemraba

အဖြူရောင်

nyeupe

အဝါရောင်

manjano

လိမ္မော်ရောင်

chungwa

ပန်းရောင်

rangi ya waridi

အနီရောင်

nyekundu

ခရမ်းရောင်

hudhurungi

အပြာရောင်

bluu

အစိမ်းရောင်

kijani

အညိုရောင်

hanja

မီးခိုးရောင်

jivujivu

အနက်ရောင်

nyeusi

အများအပြား / အနည်းငယ်

mengi / kidogo

စိတ်ဆိုးသော /
စိတ်တည်ငြိမ်သော

hasira / pole

လှပသော / ရုပ်ဆိုးသော

nzuri / mbaya

အစ / အဆုံး

mwanzo / mwisho

အကြီးသော / အငယ်

kubwa / ndogo

တောက်ပသော / မှောင်မဲသော

angavu / giza

ညီအစ်ကို / ညီအစ်မ

kaka / dada

သန့်ရှင်းသော / ညစ်ပတ်သော

safi / chafu

ပြည့်စုံသော / မပြည့်စုံသော

kamilika / tokamilika

နေ့ / ည

siku / usiku

သေသော / ရှင်သော

wafu / hai

ကျယ်သော / ကျဉ်းသော

pana / nyembamba

စားသုံးနိုင်သော /
မစားသုံးနိုင်သော

kulika / kutolika

စိတ်ယုတ်သော / ကြင်နာသော

ovu / ema

စိတ်လှုပ်ရှားဖွယ် / ပျင်းရိဖွယ်

sisimkwa / udhika

ဝသော / ပိန်သော

nene / nyembamba

ပထမ / နောက်ဆုံးပိတ်

kwanza / mwisho

မိတ်ဆွေ / ရန်သူ

rafiki / adui

အပြည့် / ဘာမှမရှိ

jaa / tupu

မာသော / ပျော့သော

ngumu / laini

လေးလံသော / ပေါ့ပါးသော

nzito / nyepesi

ဆာလောင်သော / ရေဆာသော

njaa / kiu

နာမကျန်းသော / ကျန်းမာသော

mgonjwa / mwenye afya

တရားမဝင်သော /
တရားဝင်သော

haramu / kisheria

ဉာဏ်ကောင်းသော /
ထိုင်းသော

akili / kijinga

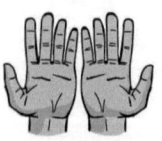

ဘယ် / ညာ

kushoto / kulia

နီးသော / ဝေးသော

karibu / mbali

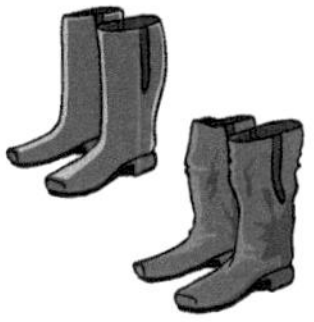

အသစ် / အသုံးပြုပြီးသား

mpya / kutumika

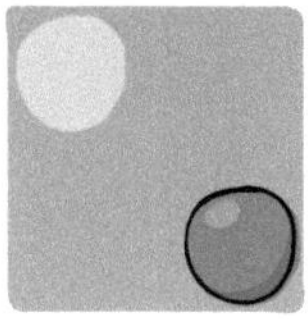

ဘာမှမရှိ / တစ်ခုခု

kitu / jambo

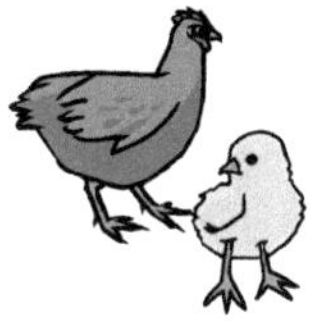

အသက်ကြီးသော / ငယ်ရွယ်သော

zee / changa

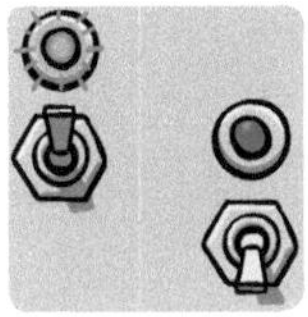

ဖွင့်သော / ပိတ်သော

waka / zima

ဖွင့်သော / ပိတ်သော

wazi / fungwa

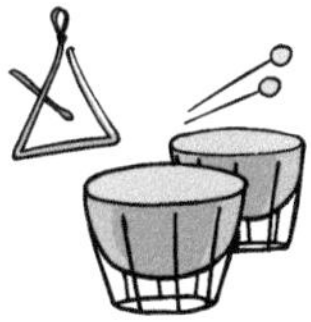

တိတ်ဆိတ် / ကျယ်လောင်

utulivu / kelele

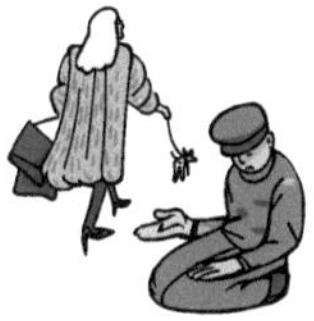

ချမ်းသာ / ဆင်းရဲ

tajiri / masikini

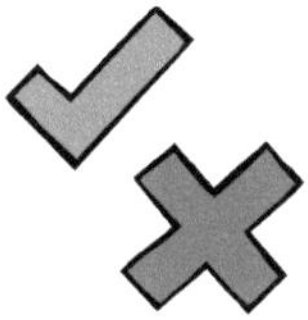

အမှန် / အမှား

sahihi / kosa

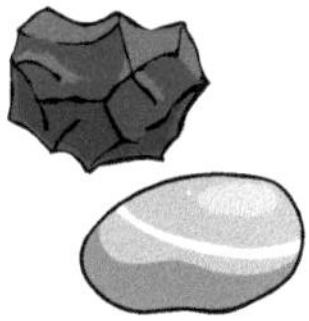

ကြမ်းတမ်း / ချောမွေ့

mbaya / laini

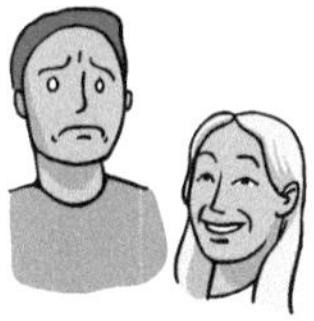

ဝမ်းနည်း / ဝမ်းသာ

huzunika / furahia

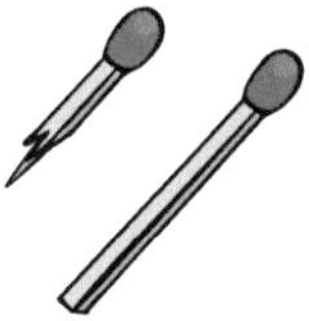

အတို / အရှည်

fupi /ndefu

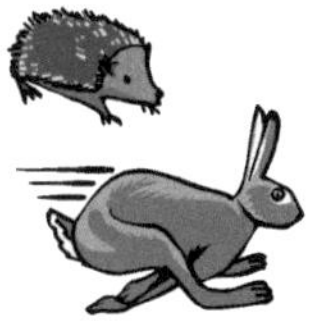

အနှေး / အမြန်

polepole / haraka

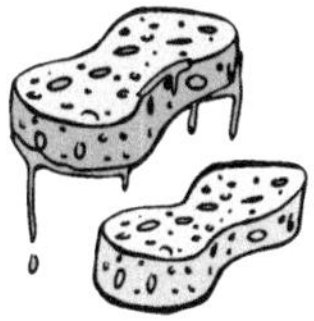

စွတ်သော / ခြောက်သွေ့သော

nyevu / kavu

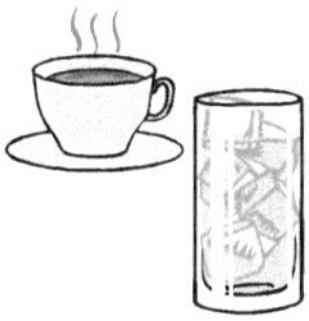

နွေးထွေးသော / အေးမြသော

joto / baridi

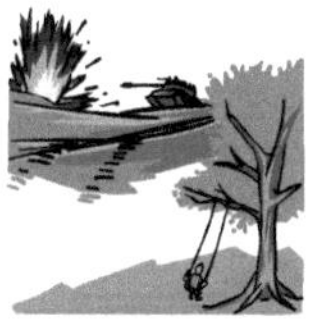

စစ် / ငြိမ်းချမ်းရေး

vita / amani

nambari

0

သုည
sufuri

1

တစ်
moja

2

နှစ်
mbili

3

သုံး
tatu

4

လေး
nne

5

ငါး
tano

6

ခြောက်
sita

7

ခုနစ်
saba

8

ရှစ်
nane

9

ကိုး
tisa

10

တစ်ဆယ်
kumi

11

ဆယ့်တစ်
kumi na moja

12

ဆယ့်နှစ်

kumi na mbili

13

ဆယ့်သုံး

kumi na tatu

14

ဆယ့်လေး

kumi na nne

15

ဆယ့်ငါး

kumi na tano

16

ဆယ့်ခြောက်

kumi na sita

17

ဆယ့်ခုနစ်

kumi na saba

18

ဆယ့်ရှစ်

kumi na nane

19

ဆယ့်ကိုး

kumi na tisa

20

နှစ်ဆယ်

ishirini

100

ရာ

mia

1.000

ထောင်

elfu

1.000.000

မီလျံ

milioni

အင်္ဂလိပ် ဘာသာစကား

Kiingereza

အမေရိကန် အင်္ဂလိပ် ဘာသာစကား

Kiingereza cha Marekani

တရုတ် မန်ဒရင်း ဘာသာစကား

Kimandarini cha Uchina

ဟိန္ဒူ ဘာသာစကား

Kihindi

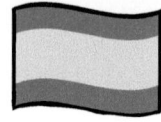

စပိန် ဘာသာစကား

Kihispania

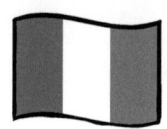

ပြင်သစ် ဘာသာစကား

Kifaransa

အာရပ်ဗီ ဘာသာစကား

Kiarabu

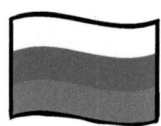

ရုရှ ဘာသာစကား

Kirusi

ပေါ်တူဂီ ဘာသာစကား

Kireno

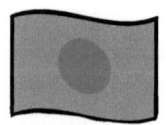

ဘင်္ဂါလီ ဘာသာစကား

Kibengali

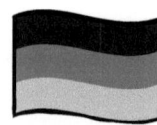

ဂျာမန် ဘာသာစကား

Kijerumani

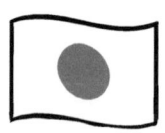

ဂျပန် ဘာသာစကား

Kijapani

ကျွန်ုပ်

mimi

သင်

wewe

သူ / သူမ / ၎င်း

yeye / yeye / ni

ကျွန်ုပ်တို့

sisi

သင်တို့

wewe

သူတို့

wao

ဘယ်သူလဲ။

nani?

ဘာလဲ။

nini?

ဘယ်လိုလဲ။

jinsi gani?

ဘယ်နေရာလဲ။

wapi?

ဘယ်အချိန်လဲ။

lini?

အမည်

jina

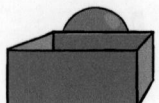

အနောက်ဖက်

nyuma

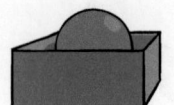

အတွင်း

katika

အရှေ့ဖက်

mbele ya

အထက်ဖက်

juu ya

အပေါ်ဖက်

kwenye

အောက်ဖက်

chini ya

ဘေးဖက်

kando

ကြား

kati

နေရာ

mahali